T0268285

MARKETING
6.0

**Philip Kotler, Hermawan Kartajaya
e Iwan Setiawan**

MARKETING
6.0

MADRID | CIUDAD DE MÉXICO | BUENOS AIRES | BOGOTÁ
LONDRES | SHANGHÁI

Colección Acción Empresarial de LID Editorial
Editorial Almuzara S.L.
Parque Logístico de Córdoba, Ctra. Palma del Río, Km 4, Oficina 3
14005 Córdoba.
www.LIDeditorial.com
www.almuzaralibros.com

A member of:

businesspublishersroundtable.com

Título original: *Marketing 6.0*, Copyright © 2021 by John Wiley & Sons, Inc. Todos los derechos reservados.

© Philip Kotler, Hermawan Kartajaya e Iwan Setiawan 2024
© Editorial Almuzara S.L. 2024 para LID Editorial, de esta edición.
© Traducción: Editorial Almuzara S.L

EAN-ISBN13: 978-84-10221-09-3
Directora editorial: Laura Madrigal
Editora de mesa: Paloma Albarracín
Maquetación:www.produccioneditorial.com
Diseño de portada: Wiley
Imagen de portada: © Marketeers
Impresión: Cofás, S.A.
Depósito legal: CO-569-2024

Impreso en España / *Printed in Spain*

Primera edición: abril de 2024

Te escuchamos. Escríbenos con tus sugerencias, dudas, errores que veas o lo que tú quieras. Te contestaremos, seguro: info@lidbusinessmedia.com

«El propósito del marketing es siempre mejorar la vida de las personas y contribuir al bien común».

—Philip Kotler

«A mi hijo Michael, mi hija Stephanie y mi nieto Darren: espero que se conviertan en la próxima generación de creadores de experiencias inmersivas».

—Hermawan Kartajaya

«Dedicado a mi querida familia: Louise, Jovin y Justin».

—Iwan Setiawan

ÍNDICE

AGRADECIMIENTOS

Los autores expresan su sincero agradecimiento al equipo directivo de M Corp por su valioso apoyo a lo largo del proceso de escritura del libro: Michael Hermawan, Jacky Mussry, Taufik, Vivie Jericho, Ence, Estania Rimadini y Yosanova Savitry.

Un agradecimiento especial al equipo de Marketeers: Marthani, Sigit, Hafiz, Aji y Sanny, quienes han proporcionado a los autores un gran conocimiento en marketing y habilidades de ilustración excepcionales para el contenido del libro.

También queremos agradecer al equipo editorial de Wiley y LID Editorial en España, por la excelente colaboración durante el desarrollo de *Marketing 6.0*.

PARTE I

INTRODUCCIÓN AL MARKETING 6.0

CAPÍTULO 1

DAMOS LA BIENVENIDA A LA ERA DEL MARKETING 6.0

De multi a omni y a meta

La serie de libros Marketing X.0 explora los cambios en el panorama empresarial y cómo esos cambios alterarían la forma en que los profesionales del marketing abordan su disciplina. El primer volumen, *Marketing 3.0: Cómo atraer a los clientes a través de un marketing basado en valores*, examina cómo el marketing ha cerrado el círculo completo en su evolución para servir a la humanidad. En *Marketing 3.0*, los clientes buscan no solo la satisfacción funcional y emocional, sino también la realización espiritual de las marcas que eligen. Como sugiere el subtítulo, el libro describe los cambios significativos desde el marketing impulsado por productos (1.0) hasta el marketing orientado al cliente (2.0) y, finalmente, al marketing centrado en el ser humano (3.0).

Muy avanzado para su época en el momento de su publicación en 2010, el libro proporcionó un plan para involucrar a los clientes modernos que buscan hacer negocios con empresas que impactan de forma positiva en la sociedad. Hoy en día, incorporar temas de sostenibilidad en el marketing es crucial para mantenerse relevante, especialmente a la luz de los Objetivos de Desarrollo Sostenible (ODS) de las Naciones Unidas. Al alinear su marketing con los ODS, las empresas pueden demostrar su compromiso con la resolución de los problemas más importantes de la humanidad.

Uno de los roles clave del marketing es comunicar valor y construir confianza con los clientes, lo que permite a las marcas influir en comportamientos. Procter & Gamble, por ejemplo, aprovecha su gran presencia en el mercado para impulsar el cambio a través del marketing. Como uno de los mayores anunciantes del mundo, P&G defiende temas de diversidad, equidad e inclusión en sus exitosas campañas de narración para marcas como Gillette, Always y Pampers.

El marketing también es responsable de expandir el mercado e impulsar el crecimiento. Cuando los productos y servicios llegan a mercados desatendidos, estamos un paso más cerca de una sociedad completamente inclusiva, que es la agenda principal de los ODS. Un ejemplo convincente es el programa Next Billion Users, donde Google crea productos tecnológicos adecuados para usuarios de internet novatos y sin experiencia. Con la capacidad de comprender el mercado, desarrollar productos relevantes e impulsar la adopción de tecnología, Google está bien equipado para lograr este objetivo. Un producto destacado es Google Lens, que puede leer en voz alta palabras a personas analfabetas en países en desarrollo.

A medida que la tecnología evoluciona, cambia la forma en la que los profesionales del marketing interactúan con los clientes. El segundo libro, *Marketing 4.0: Transforma tu estrategia para atraer al consumidor digital*, una vez más, estuvo a la vanguardia de su tiempo alentando a las empresas a adaptarse al paisaje cada vez más digital y a involucrar a las generaciones expertas en tecnología para convertirlas en defensores leales.

Marketing 4.0 se inspiró en la industria 4.0, que simboliza el movimiento hacia lo digital. Introducida como una estrategia de alto nivel del Gobierno alemán en 2011, la industria 4.0, la Cuarta Revolución Industrial, describe el desarrollo de sistemas de fabricación en la adopción de tecnologías digitales.

Esta obra destacó la importancia de experimentar con el marketing digital para complementar el enfoque tradicional a lo largo del viaje del cliente. Adoptar estrategias digitales como el marketing de contenidos y el marketing omnicanal se ha vuelto imperativo.

El marketing de contenidos implica crear y compartir contenido valioso con un público objetivo, principalmente, a través de las redes sociales. Es más efectivo que la publicidad tradicional porque el contenido suele ser más relevante y atractivo que los anuncios. Esta estrategia se suele acompañar de marketing omnicanal, el proceso de integrar canales en línea y fuera de línea para crear una experiencia del cliente sin fisuras. Estos dos paradigmas han demostrado ser relevantes y valiosos para los profesionales del marketing que se enfrentaron a los imprevisibles desafíos de la pandemia.

Durante los dos años de la pandemia, dos tercios de las empresas locales utilizaron el marketing de contenidos, aumentando el gasto total en casi 20 mil millones de dólares, según el *Meta Branded Content Project*. De manera similar, *Square* y *The Atlantic* informaron que más del 75 % de las empresas en diversos sectores, como *retail*, salud y *fitness*, restaurantes, hogar y reparación, y servicios profesionales, implementaron el marketing omnicanal.

Si bien el marketing de contenidos y el enfoque omnicanal se han convertido en elementos esenciales de la estrategia digital hoy en día, los recientes avances tecnológicos nos están llevando al siguiente nivel. La tecnología fundamental que se aborda en *Marketing 5.0: Tecnología para la humanidad* es la inteligencia artificial (IA), que tiene como objetivo replicar la capacidad humana para resolver problemas y tomar decisiones.

Marketing 5.0 se inspiró en el modelo Society 5.0, que plantea provechar la tecnología para la humanidad. Society 5.0 fue presentado por el Gobierno japonés en 2016 como una progresión natural desde la industria 4.0.

Society 5.0 contempla una sociedad que aprovecha la tecnología avanzada, como la inteligencia artificial, para el bien de la humanidad. A lo largo de más de sesenta años de historia, la IA ha generado opiniones polarizadas. Los empresarios han sido cautelosos ante la amenaza de la IA, tomando en cuenta desde la pérdida de empleos hasta la extinción de la humanidad. Sin embargo, a pesar de los temores y ansiedades provocados por la IA, los beneficios para la humanidad son evidentes. Con su capacidad para analizar grandes volúmenes de datos, predecir resultados y ofrecer experiencias personalizadas a escala, la IA está cambiando rápidamente la forma en que las empresas gestionan sus negocios.

Un ejemplo es PepsiCo, que recopila información sobre posibles sabores y nuevas categorías de productos basándose en datos digitales, como publicaciones en redes sociales y comentarios en recetas en línea y los analiza con IA. Los productos creados con información de la IA incluyen aperitivos Off The Eaten Path y bebidas deportivas Propel. En PepsiCo, la IA pasó rápidamente de ser una tecnología experimental a aplicarse al desarrollo de productos.

La IA también ha avanzado significativamente desde la publicación de *Marketing 5.0*. Lograr una inteligencia artificial general (IAG), que tenga capacidades cognitivas similares a las humanas, sigue siendo una meta compleja y desafiante, pero muchos están trabajando para avanzar en este campo. La IA hoy en día es mucho más interactiva y común. ChatGPT de OpenAI representa un paso prometedor hacia adelante para la IA. ChatGPT, como un modelo de lenguaje altamente inteligente e interactivo, puede facilitar la comunicación entre humanos y máquinas, y abrir la puerta a una colaboración más efectiva.

Los avances de la IA han permitido que otras tecnologías avancen, cambiando de nuevo el panorama empresarial y, por lo tanto, impulsando la próxima evolución del marketing.

1. El auge del marketing inmersivo 6.0

Ha habido un notable cambio en los avances tecnológicos en los últimos años hacia la creación de interacciones más inmersivas entre los clientes y las marcas. Este cambio se puede atribuir al auge de las generaciones digitales nativas, en particular la generación Z y la generación alfa, quienes nacieron en un mundo donde internet ya era prevalente. Estas cohortes más jóvenes tienen una fuerte afinidad por experiencias inmersivas que combinan elementos físicos y digitales. Profundizaremos en las características y preferencias de estos dos grupos en el capítulo 2.

La aparición de estas generaciones provocará cambios significativos en el panorama digital, transformando diversos aspectos del espacio digital. Una transformación notable es la creciente interactividad e inmersión dentro del ámbito digital, por ejemplo, la prevalencia de vídeos de formato corto en las redes sociales que cautivan a la audiencia lleva a un desplazamiento interminable y una experiencia de visualización inmersiva. Además, el comercio electrónico se ha vuelto más atractivo, ahora presenta modelos innovadores que facilitan conversaciones entre compradores y vendedores a través de chats y transmisiones en vivo. El capítulo 3 profundizará en estas tendencias emergentes y su impacto en el espacio digital.

Estas tendencias inspiran a las empresas a proporcionar experiencias cada vez más inmersivas para los clientes, difuminando las fronteras entre los puntos de contacto físicos y digitales.

Al combinar las ventajas de las interacciones *offline*, como experiencias multisensoriales y participación humana a humano, con los beneficios de las experiencias *online*, que incluyen interacciones personalizadas a mayor escala, las empresas pueden crear trayectos de clientes verdaderamente inmersivos. Creemos que, aunque después de la pandemia, una parte significativa de las experiencias de los clientes seguirá ocurriendo en espacios físicos, hay una creciente tendencia de complementar estas interacciones físicas con tecnologías digitales para satisfacer las necesidades de las generaciones nativas digitales. Discutiremos este tema con mayor detalle en el capítulo 4.

Dos tecnologías prominentes que facilitan la ampliación de los espacios físicos con elementos digitales son la realidad aumentada (RA) y la realidad virtual (RV). Aunque ambas tecnologías mezclan los ámbitos físico y digital, difieren en su enfoque. La RA incorpora elementos digitales en el mundo real, mejorando el entorno físico con superposiciones digitales. Esto permite a los usuarios experimentar el entorno físico mientras interactúan con contenido digital. Por otro lado, la RV crea entornos que son 100 % virtuales, sumergiendo por completo a los usuarios en un mundo digital desligado de su entorno físico.

La RA encuentra aplicación generalizada en juegos como *Pokémon Go*, donde los jugadores pueden encontrar y capturar monstruos virtuales que parecen habitar en ubicaciones del mundo real cuando se ven a través de las pantallas de los teléfonos móviles. Las empresas también han adoptado extensamente la RA. Por ejemplo, IKEA ofrece a los clientes la capacidad de colocar virtualmente muebles en sus hogares utilizando su aplicación móvil antes de realizar una compra. De manera similar, L'Oréal utiliza la tecnología de RA para brindar experiencias virtuales de prueba de maquillaje, generando imágenes digitales que hacen parecer que los clientes llevan maquillaje.

Por otro lado, la RV lleva la inmersión al siguiente nivel. Los clientes pueden sumergirse por completo en entornos virtuales que simulan de cerca experiencias del mundo real. Empresas como Volvo y BMW utilizan la RV para pruebas virtuales de manejo, mientras que *The New York Times* emplea la RV para ofrecer historias con contenido multimedia enriquecido. Tanto la RA como la RV son componentes de la realidad extendida (RX), que permite a los usuarios consumir experiencias digitales dentro de espacios físicos.

Por el contrario, algunas tecnologías permiten a los usuarios experimentar sensaciones del mundo real en un entorno digital, lo que representa la otra cara de la experiencia inmersiva, esto se ha llamado metaverso. En términos simples, un metaverso significa un mundo virtual que se asemeja estrechamente al mundo físico.

Las formas iniciales de metaversos surgieron de la industria de los videojuegos, con juegos populares de mundos virtuales como *Roblox, Fortnite, Minecraft, Decentraland* y *The Sandbox*. Estos entornos virtuales incluso ofrecen experiencias no relacionadas con juegos, como la realización de conciertos musicales para artistas como Marshmello, Travis Scott y Ariana Grande dentro de *Fortnite*. Sin embargo, el concepto de un metaverso no se limita a los juegos y el entretenimiento, ya que tiene el potencial de ser la versión inmersiva de las redes sociales para las generaciones más jóvenes.

Tanto la RX como el metaverso eliminan las fronteras entre los ámbitos físico y digital, lo que permite una experiencia inmersiva. Llamamos a esto metamarketing, la piedra angular de marketing 6.0. El prefijo *meta-* proviene del griego y significa 'más allá' o 'trascendiendo'. Por lo tanto, el metamarketing se define como un enfoque de marketing que trasciende las fronteras entre los mundos físico y digital, y proporciona una experiencia inmersiva donde los clientes no perciben ninguna distinción entre ambos (véase el gráfico 1.1).

GRÁFICO 1.1 La evolución del marketing

Marketing 1.0 — Producto

2.0 — Cliente

3.0 — Sostenibilidad

4.0 — Digital

5.0 — Impulsado por la IA

6.0 — Inmersivo

2. El metamarketing como siguiente etapa del marketing omnicanal

Antes de internet, los profesionales del marketing solo podían depender de canales tradicionales como la televisión, publicaciones impresas y tiendas físicas para interactuar con los clientes. Así, el marketing se centraba en comprometer segmentos de mercado específicos, a través de los medios que consumían con mayor frecuencia, ligados a las interacciones de persona a persona. Pero con la asimetría de la información, donde los clientes tenían un acceso limitado a la información y las interacciones entre ellos, los profesionales del marketing estaban mejor posicionados para dirigirse a los clientes.

Internet ha proporcionado a los clientes más opciones de medios y control sobre las decisiones de compra. Podían investigar productos y servicios en línea, leer reseñas y conectarse con otros en redes sociales. Así que, aunque los profesionales del marketing estaban perdiendo parte de su poder ante clientes que ganaban poder, también tenían un mejor acceso a datos, gracias a una IA más efectiva, lo que resultaba en una mejor focalización y rendición de cuentas. Los profesionales del marketing también tienen más opciones para interactuar con los clientes a través de redes sociales, motores de búsqueda, pantallas digitales e incluso plataformas de juegos.

Sin embargo, no es un cambio completo de marketing tradicional a digital. Al menos no aún. A pesar del uso generalizado de internet y varios años de pandemia, la mayoría de los clientes aún encuentran atractivo el toque humano. El comercio electrónico representó aproximadamente el 15 % de las ventas minoristas totales en los Estados Unidos en 2022, según el Departamento de Comercio de los Estados Unidos. Euromonitor estima que la penetración del comercio electrónico es mucho mayor, y la más alta a nivel mundial, en China, pero aún está por debajo del 30 %.

Como resultado, las empresas no pueden simplemente cambiar de marketing tradicional a digital. En cambio, han explorado formas de utilizar tanto canales convencionales como digitales. En su *Encuesta de directores de marketing* (CMO) de 2022 en Estados Unidos y Europa, Gartner estimó que el 56 % del presupuesto de marketing se destinó a lo digital, mientras que el resto aún se asignó a canales *offline*.

Así, dos de los conceptos de marketing más populares en los últimos años son el marketing multicanal y el omnicanal. Ambos se han vuelto cruciales para proporcionar una experiencia conveniente al cliente, permitiendo a las empresas interactuar con su audiencia objetivo en línea y fuera de línea. También reflejan la tendencia continua de convergencia entre el marketing tradicional y digital, como se discute en los libros *Marketing 4.0* y *Marketing 5.0*.

El marketing multicanal es una estrategia en la que una empresa utiliza varios canales para promocionar sus productos o servicios. Estos canales pueden incluir una mezcla de medios tradicionales y digitales. El objetivo es aumentar la visibilidad de una marca y llegar a una audiencia más amplia. Sin embargo, cada medio a menudo se utiliza de manera independiente, con mensajes y objetivos diferentes. Se asume que los clientes tradicionales y digitales siguen recorridos separados, y las empresas deben interactuar con ellos con dos experiencias de cliente diferentes.

A modo de ejemplo, una empresa de bebidas podría utilizar el marketing multicanal para dirigirse a las generaciones más jóvenes y mayores. Podría utilizar anuncios de televisión durante programas diurnos y nocturnos para orientarse a audiencias mayores con mensajes centrados en los beneficios para la salud. Para una audiencia más joven, la empresa podría utilizar Instagram con mensajes sobre sabores modernos y conveniencia.

Sin embargo, en los últimos años, los profesionales del marketing se dieron cuenta de que los clientes modernos a menudo interactúan con las empresas en línea y fuera de línea en un solo embudo de marketing. Además, los canales en línea y fuera de línea a veces se complementan más que se sustituyen. Por ejemplo, en el sector automotriz, los canales en línea son efectivos para la búsqueda y el descubrimiento de productos, pero menos para la evaluación y compra de productos. Ahí es donde entra en juego el marketing omnicanal.

El marketing omnicanal es un enfoque más integrado en el que una empresa crea una experiencia de cliente sin fisuras en todos los canales. Los clientes pueden interactuar con la marca a través de cualquier canal, como una tienda física, redes sociales, sitio web o aplicación móvil, y recibir un mensaje y experiencia consistentes. Cada canal puede desempeñar un papel diferente en llevar a los clientes a lo largo de todo el camino hasta la compra.

Por ejemplo, considera cómo el *webrooming* se compara con el *showrooming*. En un escenario de *webrooming*, un cliente investiga productos en línea antes de comprar en una tienda física. Toma, por ejemplo, productos electrónicos de consumo. Un cliente podría explorar un nuevo teléfono inteligente o computadora portátil en línea antes de ir a una tienda física para evaluar el producto en persona y tomar una decisión final. En este caso, los medios en línea juegan un papel significativo en la parte superior del embudo, mientras que el canal fuera de línea está en la parte inferior del embudo de marketing.

Sin embargo, en el escenario de *showrooming*, el papel de los medios tradicionales y digitales se invierte. En la venta minorista de moda, por ejemplo, los clientes a menudo visitan tiendas físicas para probarse la ropa y ver cómo les queda antes de comprar en línea por mejores precios y una variedad completa de colores. La combinación de medios es tradicional en la parte superior del embudo y digital en la parte inferior.

Los profesionales del marketing consideran que el marketing omnicanal es un paso más allá del enfoque multicanal porque permite a las empresas crear un recorrido de cliente sin fisuras, independientemente de cómo los clientes interactúan con la marca. Al comprender los roles que desempeñan diferentes canales en el camino hacia la compra, las empresas pueden proporcionar un mensaje y experiencia consistentes en todos los canales y servir mejor a sus clientes. Esto, a su vez, puede mejorar sus esfuerzos de marketing en general y aumentar la lealtad del cliente.

A medida que el marketing continúa evolucionando, estamos mirando más allá del marketing omnicanal hacia un nuevo enfoque llamado metamarketing. El metamarketing da un paso más allá del omnicanal al proporcionar un enfoque interactivo e inmersivo para brindar una experiencia al cliente. Al igual que el marketing multicanal y omnicanal, el metamarketing se trata de unificar la experiencia del cliente física y digital.

GRÁFICO 1.2 La convergencia del marketing tradicional y digital

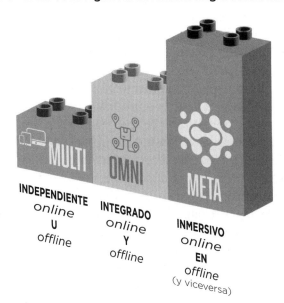

Mientras que el marketing multicanal proporciona a los clientes canales en línea y fuera de línea según sus preferencias, y el marketing omnicanal integra puntos de contacto físicos y digitales para una experiencia sin fisuras, el metamarketing se esfuerza por crear un recorrido de cliente inmersivo (véase el gráfico 1.2), involucra la entrega de experiencias digitales en espacios físicos o proporcionar experiencias de la vida real en entornos virtuales, logrando la convergencia final entre los reinos físico y digital. Aunque aún es un concepto relativamente nuevo, el metamarketing muestra un gran potencial para las empresas que buscan mantenerse a la vanguardia.

3. Los pilares del marketing 6.0

El marketing 6.0, o metamarketing, abarca una serie de estrategias y tácticas que permiten a las empresas ofrecer experiencias envolventes en medios físicos y digitales. Para lograrlo, el marketing 6.0 se basa en varios componentes esenciales organizados en tres capas distintas.

GRÁFICO 1.3 Los fundamentos de marketing 6.0

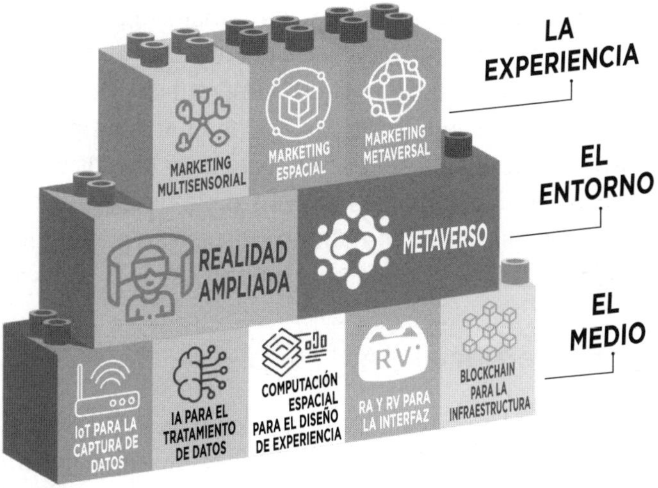

LA EXPERIENCIA

MARKETING MULTISENSORIAL

MARKETING ESPACIAL

MARKETING METAVERSAL

EL ENTORNO

REALIDAD AMPLIADA

METAVERSO

EL MEDIO

IoT PARA LA CAPTURA DE DATOS

IA PARA EL TRATAMIENTO DE DATOS

COMPUTACIÓN ESPACIAL PARA EL DISEÑO DE EXPERIENCIA

RA Y RV PARA LA INTERFAZ

BLOCKCHAIN PARA LA INFRAESTRUCTURA

RV

La primera capa, que sirve de base, se compone de habilitadores tecnológicos que combinan experiencias físicas y digitales. digitales. Estas tecnologías sientan las bases de la segunda capa, que consta de dos entornos distintos: las realidades ampliadas y los metaversos. Las realidades ampliadas se refieren a espacios físicos aumentados digitalmente, mientras que los metaversos son mundos virtuales que ofrecen experiencias muy parecidas a la vida real. Por último, la tercera y última capa engloba las experiencias de cara al cliente, caracterizadas por un compromiso multisensorial (que implica a los cinco sentidos), experiencias digitales espaciales (3D) y marketing dentro de metaversos (mundos virtuales) (véase el gráfico 1.3).

La capa de activación

El marketing 6.0 se nutre de cinco tecnologías avanzadas cada vez más adoptadas por empresas de todos los sectores (que se analizan con más detalle en el capítulo 5).

Internet de las cosas (IoT)

IoT hace referencia a sensores interconectados que captan datos en tiempo real del entorno físico y los transforman en información digital valiosa para los profesionales del marketing. Por ejemplo, la tecnología IoT puede detectar los movimientos de los clientes en las tiendas. Esto permite a los minoristas enviar al instante notificaciones de promociones en la aplicación, activadas por los compradores cuando recorren determinados pasillos de la tienda. Aprovechando el IoT, las empresas pueden mejorar sus estrategias de marketing para captar clientes de manera oportuna y basada en la localización.

Inteligencia artificial (IA)

La IA se refiere a la capacidad de los ordenadores para reproducir las habilidades cognitivas humanas. Esta tecnología permite a los profesionales del marketing ofrecer estrategias de marketing personalizadas e individualizadas. La gran ventaja de la IA reside en sus capacidades en tiempo real, ya que capta constantemente datos de fuentes IoT para conocer las preferencias y comportamientos de los clientes, lo que permite a los profesionales del marketing ofrecer al instante los productos o contenidos más relevantes adaptados a las necesidades de cada persona.

Computación espacial

La computación espacial —también conocida como informática espacial— es un conjunto de tecnologías que facilitan la interacción digital en el espacio físico. Su aplicación en las tiendas, como la implantación de probadores inteligentes, mejora la experiencia de compra ofreciendo a los clientes interactividad e inmersión. Estos probadores inteligentes pueden identificar al instante las prendas que traen los clientes, ofrecer recomendaciones de estilo personalizadas y permitir la prueba virtual. Esta tecnología es fundamental para permitir esta fusión única de experiencias digitales y físicas.

Realidad aumentada (RA) y realidad virtual (RV)

Las tecnologías de RA y RV están revolucionando nuestra forma de interactuar con los contenidos digitales. La RA proporciona a los clientes una experiencia interactiva y envolvente al permitirles explorar productos virtualmente y visualizar cómo aparecen y funcionan en entornos reales. Por ejemplo, los clientes pueden probarse zapatos virtualmente para ver cómo quedarían en sus pies. Por otra parte, la RV se utiliza con fines de formación práctica, como la formación de representantes de atención al cliente mediante simulaciones y escenarios prácticos.

Blockchain

Blockchain es una tecnología innovadora que abre el camino a un internet descentralizado. Permite a los creadores de contenidos ser propietarios de los contenidos que producen, eliminando la dependencia de las plataformas centralizadas de las redes sociales. Esta tecnología es la base de los metaversos comunitarios, en los que los contenidos y el gobierno son propiedad de una comunidad de usuarios y están controlados por ellos. Con *block-chain*, los metaversos pueden establecer economías sólidas, con su propia moneda y sistemas de comercio para transacciones de bienes virtuales sin fisuras.

La capa medioambiental

El marketing 6.0 gira en torno a la creación de entornos envolventes tanto en el ámbito físico como en el digital. Aunque los espacios físicos seguirán siendo la principal vía para ofrecer experiencias a los clientes, las empresas deben reimaginar estos espacios e incorporar experiencias digitales para garantizar su relevancia en el futuro. Nos referimos a estos espacios físicos mejorados digitalmente como realidades ampliadas, reconociendo las tecnologías RX que permiten este aumento.

Las tecnologías digitales aportan un nuevo nivel de inmersión a los espacios físicos, lo que permite a las empresas agilizar las transacciones y ofrecer procesos de compra rápidos y fluidos, similares a los de los sitios de comercio electrónico. Además, estas tecnologías permiten un compromiso más personalizado a través de juegos interactivos. Los vendedores pueden atraer a los compradores con múltiples pantallas que muestran recomendaciones personalizadas y funciones interactivas de pantalla táctil.

Además, las tecnologías digitales permiten a los clientes descubrir productos de formas novedosas, transformando la búsqueda en la tienda en una experiencia atractiva. Uno de los métodos consiste en utilizar aplicaciones móviles equipadas con modos de compra en tienda. Estas aplicaciones permiten a los clientes escanear códigos QR junto a cada producto, lo que les da acceso a amplia información y detalles sobre los productos. En el capítulo 6 se analizan en detalle estas mejoras digitales.

En Marketing 6.0 también nos adentramos en la exploración del metaverso. El metaverso se refiere a mundos virtuales completamente funcionales que guardan similitudes con el mundo real. Los avatares representan a las personas y los activos virtuales se asemejan a objetos físicos dentro de estos entornos virtuales. El metaverso se considera la última forma de medios sociales, que atrae la atención y el compromiso de las generaciones Z y alfa.

El metaverso puede clasificarse en dos tipos distintos: descentralizado y centralizado. Los metaversos descentralizados funcionan bajo el gobierno de una comunidad de usuarios conectados a través de la tecnología *blockchain*. En cambio, los metaversos centralizados están gestionados por una sola entidad. Aunque sigue habiendo dudas y escepticismo, sobre todo en torno al metaverso descentralizado, no hay que subestimar su potencial para transformar la forma en que las empresas ofrecen experiencias inmersivas a sus clientes.

La capa de la experiencia

En la era del marketing 6.0, los profesionales del marketing pueden ofrecer tres tipos distintos de experiencias, que analizamos en profundidad en los capítulos 8 a 10. El primer tipo es la experiencia de marketing multisensorial. Involucrar los cinco sentidos de los clientes a través del marketing multisensorial puede ser una poderosa herramienta para evocar emociones positivas e influir en el comportamiento. Empresas como Starbucks llevan años aplicando este enfoque, con tiendas visualmente atractivas, listas de reproducción de música, olores y sabores característicos del café y cómodos asientos y tazas.

Sin embargo, con el auge de los medios digitales, el marketing multisensorial suele limitarse a los dos sentidos más dominantes: la vista y el oído. Aunque la tecnología RX multisensorial puede incluir estímulos olfativos y hápticos (sentido del tacto), aún no es la corriente dominante. Por lo tanto, en el marketing 6.0, combinar las experiencias digitales y multisensoriales es crucial, sobre todo cuando aparece la fatiga digital, ya que los clientes pasan horas interactuando con dispositivos digitales y recibiendo grandes cantidades de contenido a diario. Combinar experiencias físicas y digitales puede crear una experiencia más memorable y atractiva para el cliente, más allá de lo que es posible con un solo medio.

El segundo tipo es la experiencia de marketing espacial. El marketing espacial está revolucionando la forma en que las empresas interactúan con los clientes al integrar a la perfección los objetos físicos con el comportamiento humano. Si se aprovecha la tecnología y el diseño, las empresas pueden crear una experiencia más envolvente para sus clientes. Imagine una tienda en la que se reproduzcan anuncios de vídeo al pasar o un restaurante en el que la iluminación y el ambiente cambien según la hora del día. Con el marketing espacial, las empresas pueden automatizar las máquinas para que se sincronicen con los movimientos humanos y ofrezcan experiencias personalizadas que dejen una impresión duradera en sus clientes.

Amazon ha sido un líder en la aplicación de este tipo de experiencia del cliente. Su cadena de tiendas físicas Amazon Go utiliza tecnologías avanzadas que permiten a los clientes entrar en la tienda, recoger los artículos que desean y marcharse sin tener que pasar por caja ni interactuar con un cajero. En su lugar, los clientes pagan los artículos a través de su cuenta Amazon, que se carga automáticamente a la salida. Esta experiencia de compra sin fricciones se denomina *just walk out* y está implantada en Whole Foods Market y otros clientes de Amazon Web Services (AWS).

Por último, el tipo más experimental es la experiencia de comercialización en el metaverso. El marketing en el metaverso es un concepto relativamente nuevo, el 2021 se considera el principio de su aparición. Los metaversos existen principalmente como plataformas de juego o entretenimiento, lo que ha llevado a muchas marcas a explorar la publicidad dentro del juego en su estrategia global de medios. Marcas mundiales como Nike, Coca-Cola y Samsung han sido las primeras en adoptarlos, ofreciendo coleccionables digitales y participación digital en metaversos disponibles en la actualidad.

El marketing en los metaversos puede parecer inverosímil para la mayoría de las generaciones mayores, pero es algo natural para la generación Z y para la alfa, nacidas y criadas en un momento en el que la frontera entre lo tradicional y lo digital se ha disuelto. Las generaciones Z y alfa son nativos digitales. Están acostumbrados a las interacciones digitales y a los entornos multipantalla inmersivos. La generación alfa puede incluso considerarse nativa de la IA y el metaverso, ya que ha crecido en la era de los asistentes virtuales, las redes sociales personalizadas y los juegos de construcción de mundos virtuales.

RESUMEN. DE MULTI A OMNI Y A META

El marketing ha evolucionado para hacer frente a los retos globales y a las cambiantes expectativas de los clientes. Incorporar temas de sostenibilidad y nuevas tecnologías para captar a los clientes es esencial para que las empresas sigan siendo relevantes.

De hecho, el marketing ha pasado de lo tradicional a lo digital, pero la mayoría de los clientes siguen valorando algunas formas de interacción humana. Como resultado, el marketing multicanal y omnicanal se ha hecho popular entre los profesionales del marketing que pretenden aprovechar tanto el compromiso tradicional como el digital.

El metamarketing va más allá y ofrece una auténtica convergencia física y digital al proporcionar al cliente una experiencia más activa e inmersiva en los espacios físicos y digitales. El metamarketing es cada vez más importante para atraer a la generación Z y a la alfa, por lo que las organizaciones deben empezar a adoptarlo.

PREGUNTAS DE REFLEXIÓN

- ¿Está preparado para pasar del marketing omnicanal al metamarketing? Explore los posibles obstáculos que podrían impedirle crear una experiencia más interactiva e inmersiva.

- Observe a la generación Z y a la generación alfa a su alrededor y las tecnologías que utilizan a diario. Piense por qué pasan tanto tiempo en mundos virtuales. A continuación, explore la mejor manera de captarlos como sus principales mercados en las próximas décadas.

CAPÍTULO 2

LA APARICIÓN DE LOS NATIVOS PHYGITALES

Los jóvenes de la generación Z y de la generación alfa llegan a la mayoría de edad

En la última década, los especialistas en marketing han favorecido a la generación Y, o *millennials*, como público objetivo debido al gran censo que la conforman y a su alto poder adquisitivo. En consecuencia, los especialistas en marketing han ajustado sus estrategias para adaptarse a las características clave de la generación Y, como un fuerte enfoque en la sostenibilidad y la destreza tecnológica. Los especialistas en marketing modernos han creado más campañas que destacan productos ecológicos u operaciones socialmente responsables. Por ejemplo, marcas de moda como Patagonia y Everlane han conectado con la mentalidad *millennial* al centrarse en materiales reciclados y producciones sostenibles, convirtiéndose en la antítesis de la industria de la moda rápida.

Los especialistas en marketing también han aprovechado tácticas de marketing digital como las redes sociales y el marketing en motores de búsqueda para llegar a la generación Y. Incluso grupos de moda de lujo como LVMH y Kering, conocidos tradicionalmente por invertir considerablemente en experiencias *offline*, han trasladado la mitad de su presupuesto de marketing a medios digitales. Este cambio hacia el marketing digital ha permitido a estas marcas llegar a un público más amplio de *millennials*.

Las estrategias de marketing han evolucionado para volverse más sostenibles, digitales y sociales para satisfacer la creciente influencia de los *millennials*. Sin embargo, no se detiene allí, ya que los especialistas en marketing están ampliando sus esfuerzos para conectarse incluso con generaciones más jóvenes: la generación Z y la generación alfa.

1. Abrazando a los nativos phygitales

Hoy en día, los especialistas en marketing se centran cada vez más en la generación Z y en la generación alfa, verdaderos nativos digitales que crecieron con internet como parte integral de sus vidas. La generación Z, nacida entre mediados de la década de 1990 y principios de la década de 2010, surgió en la era digital y se adapta fácilmente a las nuevas tecnologías. La generación alfa, la cohorte siguiente nacida después de 2010, se espera que sea aún más hábil digitalmente debido a que crecen con padres *millennials* también conocedores de la tecnología. Juntos, representan a más de cuatro mil millones de personas a nivel mundial, convirtiéndolos en un mercado clave para las marcas.

Aunque comparten algunas similitudes con la generación Y en términos de destreza digital, hay diferencias que distinguen a la generación Z y a la generación alfa (véase el gráfico 2.1). La generación Y, que experimentó internet más tarde en la vida, a menudo lo ve como una simple herramienta. En cambio, las generaciones Z y alfa, que crecieron con internet como una presencia constante, lo consideran una parte integral de su experiencia diaria. Están conectados continuamente a través de múltiples pantallas, incluso en situaciones sociales. Como resultado, estas cohortes más jóvenes tienen un mayor nivel de inmersión en entornos digitales. Por lo tanto, los especialistas en marketing deben replantearse la forma de interactuar con ellos. Debido a una vida de inmersión en la estimulación digital y a los mensajes masivos dirigidos hacia ellos, la generación Z y la generación alfa tienen períodos de atención selectivos. Esto ha derivado en una preferencia por el contenido personalizado y una tendencia a ignorar mensajes irrelevantes. También evitan anuncios largos y prefieren contenido breve, memes y emojis.

Sin embargo, pueden pasar horas viendo series en Netflix y estar profundamente absortos en juegos en línea con sus amigos. Esto sugiere que no tienen problemas para mantener su atención cuando el contenido es altamente atractivo y personalizado a sus intereses.

El ascenso de TikTok ejemplifica esto. La popularidad de su formato breve y su sólido algoritmo de personalización con la generación Z llevó a Instagram y YouTube a seguir el ejemplo con sus versiones llamadas *reels* y *shorts*, respectivamente. Estas nuevas plataformas se adaptan a la atención selectiva, permitiéndoles desplazarse interminablemente por contenido breve en las redes sociales.

GRÁFICO 2.1 La diferencia generacional

Gen Y
DOMINIO DIGITAL

Crecieron con internet durante la adolescencia y la juventud

Internet es una herramienta

Separan las actividades en línea y fuera de línea

Idealistas y conformistas

Priorizan las posesiones materiales

Gen Z y gen alfa
NATIVO DIGITAL

Han nacido en un mundo en el que internet es omnipresente

Ven internet como parte integrante de la vida

No separan las actividades en línea y fuera de línea

Pragmáticos e inconformistas

Priorizan las experiencias

La preferencia por contenido breve y visual también se extiende al comportamiento de búsqueda en internet, con la generación Z que favorece plataformas como YouTube, Instagram y TikTok en lugar de la navegación tradicional en Google.

Podríamos argumentar que esta fuerte preferencia por contenido hiperpersonalizado significa que la generación Z y la generación alfa son nativos de la inteligencia artificial. Aunque eso no tiene por qué implicar que comprendan la tecnología de la IA mejor que otras generaciones, solo han crecido viendo el valor de compartir sus datos a cambio de experiencias más contextuales y personalizadas.

Además, se sienten cómodos interactuando con asistentes de voz alimentados por IA, como Siri de Apple o Alexa de Amazon, para hacer sus vidas más convenientes. Estudiantes y jóvenes profesionales están empezando a utilizar ChatGPT u otros modelos de lenguaje similares para ayudar con tareas escolares y laborales. Incluso algunos prefieren los chatbots a representantes de servicio al cliente humanos para manejar consultas y quejas rápidas.

Las generaciones Z y alfa también son nativos del metaverso. Su amor por los juegos en línea sugiere que se sienten cómodos con entornos digitales inmersivos y comunidades virtuales. Los juegos son populares para estas generaciones, que se sienten atraídas por el contenido digital altamente inmersivo, la competencia emocionante con sus pares y las comunidades en línea estrechamente unidas que ofrece el mundo de los juegos.

Mientras que a la generación Y le gusta reunirse en persona para jugar, la generación Z y la generación alfa tienden a conectarse de forma remota en entornos de juego virtual. Las cohortes más jóvenes también tienen más probabilidades de gastar dinero en la compra de objetos dentro del juego para mejorar sus avatares y mejorar su experiencia de juego. Además, se sienten cómodos interactuando con interfaces de usuario que utilizan tecnologías de realidad aumentada y realidad virtual.

Sin embargo, involucrar a las generaciones más jóvenes no significa centrarse exclusivamente en experiencias en línea. De hecho, investigaciones recientes muestran que la generación Z, a pesar de ser conocida como nativos digitales, todavía disfruta comprando en tiendas físicas. Una encuesta de McKinsey en 25 categorías de productos revela que, aunque la generación Z en los Estados Unidos realiza muchas compras en línea, también es más probable que compre en tiendas físicas que la generación Y.

Asimismo, la investigación de A. S. Watson, el grupo minorista de salud y belleza más grande del mundo, muestra que la generación Z prefiere las compras *offline* para productos de belleza, citando las interacciones sociales y los aspectos experienciales de las tiendas físicas como atracciones clave. Además, la generación Z también busca tiendas físicas mejoradas con tecnología y aplicaciones integradas en línea y fuera de línea para una experiencia de compra más inmersiva y fluida.

La razón de esta percepción, en apariencia, paradójica es simple; al ser nativos digitales, las generaciones Z y la alfa no ven fronteras entre los mundos físico y digital en su vida diaria. Por ejemplo, pueden comprar en tiendas mientras verifican precios en su teléfono inteligente, alternando sin problemas entre lo *offline* y lo *online*. También pueden iniciar una conversación de manera fluida en persona y continuarla en aplicaciones de mensajería o ver conciertos mientras comparten sus experiencias en redes sociales. Este fenómeno se conoce como phygital (figital), una combinación de lo físico y lo digital.

A pesar de su corta edad, la generación Z y la generación alfa representan una base de clientes sofisticada que exige un enfoque de marketing avanzado. Ambas generaciones realmente adoptan experiencias de cliente interactivas e inmersivas, tanto en línea como fuera de línea.

GRÁFICO 2.2 Los nativos phygitales

Se conectan continuamente a través de varias
pantallas, incluso en situaciones sociales

GEN Z Y ALFA

No consideran que haya
fronteras entre el mundo físico
y el digital en su vida cotidiana

Comprenden el valor de la
IA en experiencias contextuales
y personalizadas

Se sienten cómodos en
entornos inmersivos y
comunidades virtuales

Ellos son lo que llamamos los nativos phygital. Por lo tanto, los especialistas en marketing necesitan adoptar tecnologías digitales de próxima generación para interactuar con ellos de manera efectiva sin descuidar los tradicionales puntos de contacto físicos.

2. Nativos phygitales envejeciendo más jóvenes

La sofisticación de las cohortes más jóvenes se puede atribuir a su madurez acelerada. El fenómeno de los niños que se hacen mayores cada vez más jóvenes (KGOY; *kids getting older younger*) es más evidente a medida que las generaciones más jóvenes adoptan comportamientos y preferencias, por lo general, asociados a grupos de mayor edad.

Esto incluye a los adolescentes vistiéndose de manera más elaborada, utilizando maquillaje, participando en conversaciones maduras y entablando relaciones románticas antes que generaciones anteriores. Además, los niños comienzan a utilizar productos tecnológicos, como teléfonos inteligentes y tabletas, y a consumir contenido maduro en diversas plataformas mediáticas a una edad más temprana. Pero la madurez acelerada va más allá de emular la apariencia y las compras de generaciones mayores.

Las personas suelen pasar por cuatro etapas de vida: fundamental, vanguardia, fomento y final, cada una toma aproximadamente veinte años:

- La etapa fundamental se centra en el aprendizaje y la formación de identidad a través de la educación y las relaciones sociales.

- La etapa de vanguardia implica la transición de aprender a trabajar, asumir riesgos y explorar la vida mientras se construye una carrera y se participa en relaciones románticas.

- La etapa de fomento se caracteriza por establecerse, construir una familia, cuidar a otros y contribuir a la sociedad.

- Por último, la etapa final gira en torno a adaptarse a la vejez, manejar la salud y las relaciones, disfrutar de actividades significativas y transmitir sabiduría a las generaciones más jóvenes.

La generación Z y la generación alfa experimentan etapas de vida aceleradas, adoptando mentalidades maduras a edades más tempranas. Demuestran una mayor disposición para asumir riesgos y aprender a través de experiencias prácticas, atravesando con eficacia las etapas fundamental y de vanguardia simultáneamente en su desarrollo. Por lo general, aparece durante la etapa de fomento, el deseo de contribuir a la sociedad y lograr un equilibrio entre trabajo y vida ya está presente en muchos de la generación Z cuando están a mediados de sus 20.

Esta tendencia de KGOY se origina en múltiples factores. En primer lugar, las generaciones más jóvenes tienen un acceso más fácil a la información a través de internet y su contenido digital. Además, las marcas que apuntan a audiencias más jóvenes en áreas como moda, alimentos y bebidas, productos electrónicos de consumo y belleza las están introduciendo en estas categorías de productos a una edad más temprana.

El estilo de crianza también tiene un impacto significativo en su comportamiento. Por ejemplo, los padres de las generaciones X e Y a menudo alientan a sus hijos, pertenecientes a la generación Z y a la generación alfa, a asumir más responsabilidades adultas en el hogar. Todos estos factores conducen al crecimiento mental y emocional más rápido de las generaciones más jóvenes.

3. Características de los nativos phygitales

El fenómeno KGOY tiene implicaciones significativas para las características de la generación Z y la generación alfa. Estas generaciones más jóvenes son altamente pragmáticas e investigan minuciosamente la información en internet antes de tomar decisiones. Priorizan la autenticidad y se sienten atraídas por marcas cuyos valores coinciden con los suyos. Además, buscan la autoactualización a una edad más temprana e invierten tiempo en construir su persona en línea (véase el gráfico 2.3). Al comprender estos perfiles psicográficos y de comportamiento maduros, los especialistas en marketing pueden posicionar mejor sus marcas en la mente de las generaciones más jóvenes.

Actitud pragmática y toma de decisiones

La generación Z creció durante la Gran Recesión (2007-2009) y fue testigo de las dificultades financieras de sus padres y hermanos mayores. Esto lleva a una mayor conciencia financiera en comparación con la generación Y. Por lo tanto, están interesados en aprender sobre finanzas personales, ahorrar dinero e invertir para el futuro.

Esta precaución también se refleja en el ámbito laboral. La fuerza laboral de la generación Z es más realista en comparación con sus contrapartes idealistas de la generación Y. Tienden a priorizar la seguridad laboral sobre la búsqueda de su trabajo soñado o salarios altos, sobre todo, teniendo en cuenta la inminente recesión y los despidos generalizados. Según informa *Glassdoor*, los trabajadores más jóvenes se sienten cada vez más atraídos por empresas más grandes y establecidas, a diferencia de los *millennials*, que suelen ser atraídos por *startups* de moda.

La generación Z también es más hábil para tomar decisiones informadas y evaluar productos y servicios de fuentes en línea y fuera de línea. Como resultado, son sensatos y comprenden bien el valor, centrándose en el precio y la calidad en lugar de depender únicamente de los nombres de las marcas. En cuanto al valor, dan más importancia a los beneficios funcionales que al atractivo emocional. A diferencia de la generación Y, que tiende a gastar más en productos materialistas, la generación Z y la generación alfa gastan más en experiencias como viajar, jugar, actividades de bienestar, eventos en vivo y conciertos y participar en la comunidad.

En lugar de valorar posesiones, estas generaciones más jóvenes tienden a invertir en sí mismas, dándole una gran importancia al crecimiento personal obtenido a partir de experiencias. Esta preferencia se alinea bien con la economía compartida, permitiéndoles acceder a bienes y servicios sin necesidad de poseerlos, a través de servicios como Uber y Airbnb.

Esta orientación de valores también plantea desafíos significativos para las marcas establecidas y de herencia que dependen de la reputación y la historia para atraer clientes. Las generaciones más jóvenes son menos propensas a ser influenciadas por el reconocimiento de la marca y tienen más probabilidades de buscar novedades y nuevas experiencias que satisfagan sus necesidades específicas. Como resultado, las marcas deben innovar en la experiencia del cliente para seguir siendo relevantes.

Los especialistas en marketing deben tener en cuenta su naturaleza pragmática al crear experiencias de cliente para las generaciones más jóvenes. La conveniencia tiene prioridad sobre características llamativas y puntos de contacto innecesarios. Incluso las interacciones inmersivas y de alta tecnología deben ser útiles y prácticas. Las experiencias en el metaverso que requieren dispositivos costosos y pasos adicionales pueden no resonar con estos jóvenes consumidores.

Autenticidad y relación con las marcas

La naturaleza pragmática de las generaciones más jóvenes influye en sus conexiones con las marcas. En contraste con la generación Y, más conformista, que a menudo sucumbe a la presión de grupo para encajar, las generaciones Z y alfa se inclinan hacia marcas que coinciden con sus valores.

Por ejemplo, la generación Z y la alfa son más propensas a apoyar a marcas que demuestran responsabilidad ambiental y prácticas éticas. Ejemplos de tales marcas incluyen Toms Shoes, que dona un par de zapatos por cada par vendido. Para ellos, el consumo está estrechamente vinculado a la sostenibilidad.

Siendo las generaciones más racial y étnicamente diversas en la historia de Estados Unidos, las generaciones Z y alfa son increíblemente inclusivas, haciendo amigos en línea y fuera de línea. Aman la armonía y la sinergia con quienes les rodean: familia, amigos, compañeros de trabajo y comunidades. En el trabajo, la generación Z tiende a evitar confrontaciones, prefiere los diálogos y acepta las diferencias de opiniones.

Estas generaciones también valoran las marcas que promueven la diversidad, la equidad y la inclusión (DEI) en su cultura corporativa. En el ámbito laboral, se ha vuelto esencial que los empleadores se adhieran a estos valores para atraer y retener a estos empleados más jóvenes.

Por ejemplo, Microsoft ha implementado iniciativas para aumentar la representación de mujeres y minorías en la industria tecnológica. Otras empresas destacadas, como Johnson & Johnson y Procter & Gamble, también son reconocidas por sus compromisos con DEI.

La juventud también exige a las marcas que sean auténticas. La generación Z reconoce y rechaza la representación de la perfección irreal en la publicidad tradicional. En cambio, prcficrcn marcas que abrazan las imperfecciones. Esta preferencia se puede observar en la industria de la belleza, por ejemplo, donde hay un cambio en el gasto de cosméticos para el cuidado de la piel y tener un aspecto natural, según informa Kantar.

La tendencia es evidente también en el ámbito de las redes sociales. La generación Y prefiere contenido aspiracional y profesionalmente elaborado, mientras que las audiencias de la generación Z y de la alfa tienden a resonar más con contenido crudo y sin filtrar en plataformas como TikTok e Instagram. Las cohortes más jóvenes quieren ver momentos no guionados en situaciones de la vida real en lugar de contenido preparado. El contenido generado por el usuario (UGC; *user generated content*) es una manera poderosa para que las marcas aprovechen este deseo de autenticidad.

Expresión individual y persona digital

Las generaciones más jóvenes aspiran al mismo nivel de autenticidad individual que exigen a las empresas. A pesar de la presión para conformarse que proviene de las redes sociales, la generación Z y la alfa están adoptando la individualidad y la autoexpresión. Personifican la diversidad no solo en el mundo real, sino también en el ámbito digital.

Muchos jóvenes dedican varias horas al día a crear identidades digitales distintivas a través de sus teléfonos inteligentes, computadoras e incluso consolas de juegos. En plataformas como TikTok e Instagram, los usuarios muestran su individualidad a través de fotos de perfil, publicaciones y cuentas que siguen. Algunos incluso utilizan seudónimos y pagan por avatares personalizados en juegos como *Fortnite* y *Minecraft* para mejorar aún más su persona en línea.

El *Desafío Dolly Parton*, un meme viral en las redes sociales en 2020, ilustra los esfuerzos de las personas por construir una imagen digital. El desafío pide a las personas que compartan cuatro fotos, cada una representando sus imágenes en LinkedIn, Facebook, Instagram y Tinder. Este desafío ha sido adoptado tanto por individuos como por marcas, para demostrar cómo adaptan su apariencia para ajustarse a diferentes plataformas de redes sociales.

Las observaciones sugieren que la generación Y presenta una personalidad muy diferente para cada tipo de canal de redes sociales, lo que refleja la tendencia de utilizar plataformas de redes sociales específicas para diferentes audiencias y objetivos. En cambio, la generación Z utiliza imágenes más uniformes para crear una imagen más consistente y menos dependiente de la plataforma.

La tendencia de mantener una identidad en línea consistente ha llevado a que las plataformas de redes sociales más recientes amplíen sus capacidades y se vuelvan multipropósito. Un ejemplo es TikTok, que comenzó como una plataforma centrada en el entretenimiento pero que ha expandido sus funciones para incluir comercio en vivo, búsqueda de empleo a través de características como TikTok *resumes*, e incluso funciona como un motor de búsqueda alternativo para la generación Z. Las generaciones más jóvenes también están adoptando cada vez más plataformas de redes sociales basadas en comunidades como Reddit, Discord y Twitch, junto con las basadas en *feeds* como TikTok, Instagram y X. De hecho, las plataformas basadas en comunidades a menudo ofrecen mayor anonimato y mejor privacidad de datos, una preocupación creciente para los usuarios más jóvenes.

Pero estas plataformas son populares entre las generaciones más jóvenes porque atienden a intereses y subculturas específicas, y proporcionan una experiencia en línea más personalizada. Lo más importante es que estas plataformas brindan oportunidades para experiencias interactivas. Suelen tener comunidades más comprometidas y activas, y permite a los usuarios conectarse con personas afines.

RESUMEN. LLEGADA A LA MADUREZ DE LA JOVEN GENERACIÓN Z Y DE LA GENERACIÓN ALFA

Los especialistas en marketing modernos han adaptado sus estrategias para atender a los *millennials*, centrándose en la sostenibilidad y tácticas de marketing digital. Ahora, los especialistas en marketing deben cambiar su atención a las generaciones más jóvenes, la generación Z y la generación alfa, nativos digitales que prefieren experiencias interactivas e inmersivas, tanto en línea como fuera de línea.

Estas generaciones están experimentando una madurez acelerada, adoptando mentalidades y comportamientos maduros más rápido que las generaciones anteriores. Son altamente pragmáticas, valoran la autenticidad y buscan la autoexpresión a una edad más temprana, lo que hace esencial que los especialistas en marketing comprendan estos perfiles para posicionar mejor sus marcas.

PREGUNTAS DE REFLEXIÓN

- ¿Cómo se puede equilibrar la demanda de experiencias digitales hiperpersonalizadas con el deseo de puntos de contacto físicos entre la generación Z y la alfa, que cada vez son más digitales?

- Con las generaciones más jóvenes experimentando una madurez acelerada, ¿cómo pueden las marcas comunicar de manera eficaz los valores y comprometerse con estas cohortes sin dejar de ser fieles a su posicionamiento de marca?

CAPÍTULO 3
LA INEVITABILIDAD DEL MARKETING INMERSIVO
Cinco microtendencias que conducen al metamarketing

A medida que los estilos de vida digitales se han convertido en una parte integral de la vida de las generaciones Z y alfa, las empresas necesitan adaptarse para mantenerse relevantes. Se han producido cambios fundamentales en varios componentes del marketing en un mundo digital.

Existen cinco componentes esenciales para el marketing en un mundo digital, el primero es el contenido. El contenido se refiere a la información creada, consumida y compartida a través de los medios digitales. Puede adoptar la forma de materiales escritos como mensajes cortos, comunicados de prensa, artículos, boletines informativos, documentos técnicos e incluso libros. También puede ser más visual, como imágenes, infografías, cómics, gráficos interactivos, diapositivas de presentaciones, juegos, vídeos, cortometrajes e incluso largometrajes.

El segundo componente es las redes sociales, que se ha convertido en el canal principal para distribuir y amplificar contenido. Según una encuesta de Morning Consult en 2022, el 98 % de la generación Z, en Estados Unidos, utilizaba redes sociales, y el 71 % lo hacía durante tres horas o más al día. Las cinco redes sociales más populares entre la generación Z son YouTube, Instagram, TikTok, Snapchat y Facebook.

Mientras que las redes sociales son principalmente un canal de comunicación, el tercer componente, el comercio electrónico, es un canal de ventas. El mercado de comercio electrónico en Estados Unidos es el segundo más grande del mundo después de China. Según la Oficina del Censo de Estados Unidos, las ventas estimadas de comercio electrónico en 2022 superaron el billón de dólares, representando el 14.6 % del total de ventas en Estados Unidos. Los principales actores en el comercio electrónico de Estados Unidos incluyen el mercado en línea Amazon, el sitio de subastas en línea eBay y la tienda en línea de la modalidad *offline-to-online* (O2O) Walmart.com.

Los dos siguientes componentes son habilitadores fundamentales del marketing en un mundo digital. La inteligencia artificial, el cuarto componente, desempeña un papel vital tras bambalinas. Por ejemplo, la IA se asegura de que el contenido llegue a su audiencia prevista en las redes sociales. La IA analiza el comportamiento e intereses del usuario y ofrece contenido personalizado a segmentos específicos de usuarios. De manera similar, la IA también trabaja detrás de cualquier plataforma de comercio electrónico y proporciona a los usuarios recomendaciones de productos adecuadas.

GRÁFICO 3.1 Cinco microtendencias que conducen al metamarketing

El quinto y último componente son los dispositivos, el teléfono inteligente es el más importante. Los teléfonos inteligentes y otros dispositivos, como tabletas y ordenadores portátiles, proporcionan acceso a contenidos de redes sociales y aplicaciones de comercio electrónico. El Pew Research Center calcula que el 85 % de los estadounidenses posee un teléfono inteligente y aproximadamente la mitad, una tableta. Con una amplia gama de aplicaciones disponibles para descargar en estos dispositivos, los usuarios pueden realizar diversas actividades digitales.

En estos cinco componentes, hemos observado varios cambios sutiles y no tan evidentes. Cada una de estas microtendencias señala un importante movimiento de marketing hacia un enfoque más interactivo e inmersivo (véase el gráfico 3.1).

1. Contenido de vídeo de formato corto

El uso generalizado de dispositivos móviles en nuestra vida cotidiana ha provocado un cambio significativo en la forma de consumir medios. En lugar de sesiones en línea fijas y prolongadas, la gente tiene cientos de sesiones breves a lo largo del día. Durante estas sesiones, las personas experimentan momentos impulsivos en los que deciden aprender, hacer, descubrir o comprar productos. Google y Boston Consulting Group denominan micromomentos a estas oportunidades de tomar decisiones en fracciones de segundo.

Los clientes pueden sacar sus teléfonos y consumir contenidos en las redes sociales durante los micromomentos, que pueden ocurrir mientras se desplazan en metro o esperan en la cola de la tienda. En estos momentos, las marcas deben estar presentes y captar clientes potenciales ofreciéndoles información y asistencia pertinentes que satisfagan sus necesidades.

Dada la escasez de oportunidades, los contenidos breves son ideales para los micromomentos. Además, el contenido del tamaño de un bocado se ajusta a los lapsos de atención selectiva de la generación Z y de la alfa, proporcionando una forma rápida y fácil de consumir información en los teléfonos móviles. Además, el formato corto permite a las marcas y a los creadores de contenidos producir contenidos rápidamente y adaptarse a las tendencias que cambian con rapidez. Por eso vemos hoy más contenidos breves en las redes sociales.

Aunque el contenido breve puede adoptar muchos formatos, como artículos, imágenes o infografías, el contenido en vídeo sigue siendo el favorito. Los vídeos captan rápidamente la atención del público y transmiten mensajes complejos de forma eficaz. Además, el contenido de vídeo puede ser muy atractivo, lo que lo hace más compartible. Con las herramientas de creación y edición de contenidos disponibles en redes sociales como TikTok, Instagram y YouTube, es más fácil que nunca producir contenidos de vídeo rápidamente.

Por ejemplo, la cadena de grandes almacenes Target utiliza vídeos de Instagram para inspirar a clientes potenciales durante micromomentos, mostrando nuevas colecciones de ropa y ofreciendo ideas de decoración para el hogar y compartir recetas. Al incluir enlaces a los productos destacados en los vídeos, Target puede aumentar las conversiones en ventas. En conclusión, los micromomentos se caracterizan por la inmersión total de los usuarios en el contenido digital con una mentalidad de toma de decisiones. Las marcas pueden aprovechar estos momentos creando vídeos breves que entretengan al público y le proporcionen información relevante e inspiración (véase el gráfico 3.2).

GRÁFICO 3.2 Contenido de vídeo de formato corto

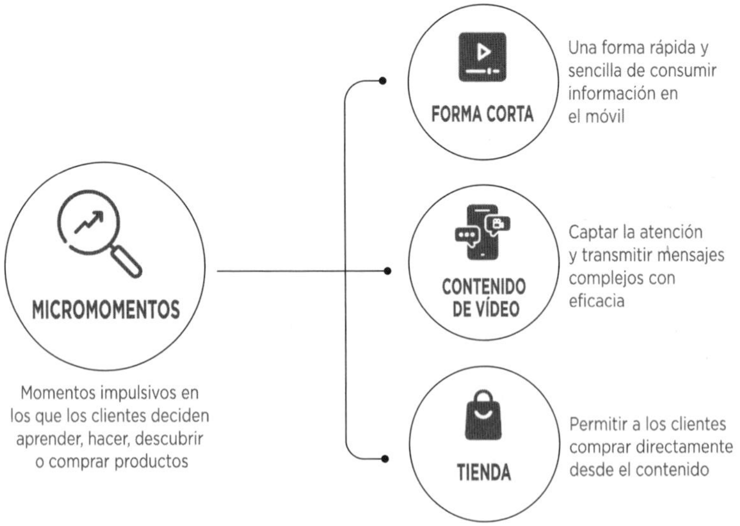

FORMA CORTA — Una forma rápida y sencilla de consumir información en el móvil

MICROMOMENTOS — Momentos impulsivos en los que los clientes deciden aprender, hacer, descubrir o comprar productos

CONTENIDO DE VÍDEO — Captar la atención y transmitir mensajes complejos con eficacia

TIENDA — Permitir a los clientes comprar directamente desde el contenido

2. Redes sociales comunitarias

El panorama de las redes sociales ha parecido relativamente estático en los últimos años, con grandes actores como Facebook, YouTube, Instagram y TikTok que siguen dominando el espacio con al menos mil millones de usuarios mensuales. Sin embargo, se han producido algunos cambios sutiles bajo la superficie a medida que plataformas relativamente más pequeñas como Reddit, Discord y Mastodon ganan impulso. Esta tendencia no implica que los usuarios vayan a abandonar las grandes plataformas. Por el contrario, es probable que dediquen más tiempo a estas plataformas más pequeñas. Una razón clave de esta tendencia es la creciente ansiedad y preocupación por la privacidad de los datos al publicar o compartir contenidos en grandes plataformas. Como resultado, los usuarios de las redes sociales buscan cada vez más relacionarse con comunidades más pequeñas en las que confían y con las que comparten los mismos intereses. Estos usuarios buscan plataformas sociales que equilibren los espacios públicos y privados para tener más control sobre su vida digital.

Un ejemplo de plataforma social comunitaria es Reddit. Se trata de una plataforma para compartir y debatir contenidos dentro de comunidades dedicadas y organizadas en torno a intereses específicos como los juegos, los deportes y los negocios. En Reddit, los usuarios pueden publicar contenidos, y otros usuarios pueden votar y comentar esas publicaciones, lo que da lugar a un sistema de clasificación que determina qué publicaciones son las más visibles.

Otra plataforma de redes sociales basada en la comunidad es Discord, que alberga chats de texto, voz y vídeo en tiempo real. Inicialmente popular solo entre jugadores, Discord permite a los usuarios de un servidor comunicarse y compartir contenidos. Con 150 millones de usuarios activos mensuales, no es una plataforma pequeña. Sin embargo, mientras otras redes sociales funcionan como grandes espacios públicos, se organiza en servidores (comunidades discretas). Esta tendencia de servidores basados en comunidades ha llevado a WhatsApp a introducir funciones similares llamadas comunidades, que sirven de paraguas más amplio a los ya populares, pero más pequeños, grupos de WhatsApp.

Sin embargo, la plataforma social basada en la comunidad más distintiva es Mastodon. Es una plataforma de *microblogging* similar a X (antes Twitter), en la que los usuarios pueden publicar mensajes cortos conocidos como *toots* en lugar de tuits. Pero la principal diferencia es que Mastodon es una plataforma social descentralizada, de código abierto y gestionada por la comunidad, lo que significa que no es propiedad de ninguna empresa. En lugar de estar alojada en un servidor centralizado como X, Mastodon comprende muchos servidores individuales, llamados instancias, centrados en intereses particulares.

GRÁFICO 3.3 Redes sociales comunitarias

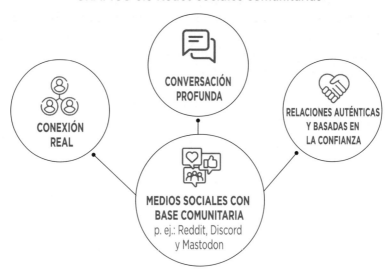

El auge de redes sociales basadas en la comunidad, como Reddit, Discord y Mastodon, indica que los usuarios buscan plataformas construidas en torno a la conexión real y la conversación profunda (véase el gráfico 3.3). Además, coincide con el auge de la generación Z y de la alfa, que buscan relaciones auténticas y basadas en la confianza. Por lo tanto, no quieren que el contenido que consumen en las redes sociales se rija por algoritmos de plataforma. En su lugar, prefieren dejar que la comunidad de confianza decida lo que ven.

3. Comercio electrónico interactivo

El comercio electrónico, que consiste en comprar y vender productos y servicios en línea, ha evolucionado mucho en los últimos años.

Normalmente, las transacciones de comercio electrónico se realizan a través de plataformas en línea, como sitios web directos al consumidor o mercados intermediarios. Por ejemplo, Nike vende sus productos a través de su sitio web de comercio electrónico y de varios mercados como Amazon y Zappos. Sin embargo, ahora existen otros modelos de comercio electrónico a disposición de las empresas.

Una tendencia en rápido crecimiento es el comercio social, en el que las transacciones se realizan a través de las redes sociales. Las empresas pueden convertir sus páginas de redes sociales en escaparates en los que comprar, creando contenidos que inciten a los usuarios a comprar y facilitando las transacciones dentro de las plataformas de redes sociales. Para permitir esta experiencia de navegación y compra sin fisuras, las plataformas de redes sociales como Facebook, Instagram, TikTok y Pinterest han integrado funciones de compra como catálogos de productos, carritos de la compra y sistemas de pago.

Otro modelo de comercio electrónico emergente que está ganando popularidad es el comercio conversacional. Este enfoque implica transacciones directamente dentro de aplicaciones de mensajería como WhatsApp y el Messenger de Meta. Permite a los compradores hacer preguntas y recibir respuestas del vendedor en tiempo real, lo que aumenta la probabilidad de compra. El comercio conversacional puede realizarse con agentes humanos o a través de chatbots automatizados. La combinación de ambos permite a las empresas ofrecer a los clientes asistencia 24 horas al día, 7 días a la semana y respuestas personalizadas, lo que puede ayudar a las empresas a establecer relaciones más sólidas con sus clientes.

Por último, el último modelo de comercio electrónico que está transformando las compras en línea es el comercio en directo, que se ha hecho cada vez más popular en China y está ganando adeptos en Estados Unidos. Los vendedores promocionan y venden productos a través de emisiones de vídeo en directo, de forma similar a las compras a domicilio por televisión en el canal estadounidense QVC. Sin embargo, la interacción es mucho mayor, ya que los compradores pueden interactuar con los vendedores a través del chat o de botones de reacción e, incluso, comprar los productos en tiempo real.

En la actualidad, las principales plataformas de Estados Unidos (Amazon, Facebook, YouTube y TikTok) ofrecen comercio en directo.

Además, minoristas como Walmart y Nordstrom y cadenas de televisión como QVC y HSN también están adoptando este enfoque.

El comercio social, el comercio conversacional y el comercio en directo son populares entre la generación Z, y las ventas a través de estos modelos alcanzarán los 107 000 millones de dólares en 2025, según las previsiones de eMarketer. Pero lo más importante es que la aparición de estos modelos pone de relieve la creciente importancia de los contenidos atractivos y las interacciones en tiempo real en el comercio electrónico (véase el gráfico 3.4). Hoy en día, los clientes buscan formas de interactuar con las marcas y las empresas durante el descubrimiento de productos, ya que les ayuda a tomar decisiones más informadas. Por ello, las empresas que den prioridad a las experiencias interactivas de los clientes, como las que ofrece el metamarketing, probablemente, tendrán una ventaja competitiva en el mercado del comercio electrónico.

GRÁFICO 3.4 Comercio electrónico interactivo

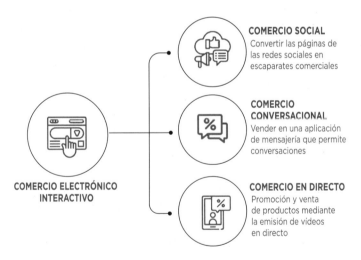

4. IA basada en el lenguaje

En pocas palabras, la IA utiliza algoritmos informáticos para realizar tareas que normalmente requieren inteligencia humana. Uno de los avances más interesantes es el procesamiento del lenguaje natural (PLN), que capacita a las máquinas para reproducir la forma humana de comunicarse, tanto escrita como oral.

El PLN es un componente fundamental de la IA basada en el lenguaje que puede comprender y generar lenguaje humano. La IA basada en el lenguaje comprende las preguntas de los usuarios y puede responder de acuerdo con su repositorio de conocimientos. En cierto modo, actúa como un interlocutor que permite a los humanos interactuar con los ordenadores para acceder a la información. Algunos ejemplos de IA basada en el lenguaje que permite la comunicación bidireccional son los asistentes de voz, los chatbots y ChatGPT.

Un uso común de la IA basada en el lenguaje son los asistentes de voz como Amazon Alexa, Google Assistant y Apple Siri. Con ellos, los usuarios pueden utilizar comandos de voz para realizar tareas específicas, como buscar información en Google, enviar un mensaje de texto a un amigo en el iPhone de Apple o añadir productos a la cesta de la compra en Amazon.

El uso de la voz natural en lugar de otros métodos de entrada, como teclear o hacer clic, hace que la tecnología sea atractiva. La disponibilidad generalizada de estos asistentes de voz en teléfonos inteligentes y altavoces domésticos también contribuye a su adopción generalizada. Alrededor del 43 % de la población estadounidense utiliza asistentes de voz, según estimaciones de eMarketer.

El chatbot es otra forma popular de IA basada en el lenguaje, que se encuentra, sobre todo, realizando tareas de atención al cliente y ventas. Por ejemplo, en el servicio de atención al cliente, la mayoría de los chatbots están asignados a responder a las consultas de acuerdo con un guion preprogramado. Los chatbots también pueden entrenarse para nutrir a los clientes potenciales proporcionándoles información relevante sobre productos y servicios. Además de ofrecer una experiencia de cliente optimizada, los chatbots también aportan rentabilidad a las marcas.

Para consultas básicas, la mayoría de los clientes (74 %) siguen prefiriendo los chatbots, según un estudio de PSFK. Por ello, marcas líderes como Starbucks, Spotify y Sephora utilizan chatbots para interactuar con los clientes. Con ellos, los clientes pueden pedir café, obtener recomendaciones musicales y ayuda para comprar.

Un chatbot cada vez más popular es ChatGPT de OpenAI, el producto tecnológico que más rápido ha alcanzado la cifra de cien millones de usuarios. En comparación, TikTok tardó nueve meses e Instagram dos años y medio en conseguir la misma base de usuarios, según un análisis de UBS basado en datos de Sensor Tower. De hecho, la adopción de la tecnología se está acelerando. Los clientes no dudan en adoptar nuevas tecnologías que les aporten comodidad y mejoren sus vidas.

Lo que diferencia a ChatGPT de otros chatbots es que es altamente contextual, con capacidad para entender no solo el contenido que dicen los usuarios, sino también el contexto de la intención y el sentimiento del usuario. Además, ChatGPT ha demostrado ser excelente a la hora de generar textos complejos y coherentes. Las empresas, por ejemplo, pueden utilizar ChatGPT para redactar textos publicitarios personalizados, resumir informes extensos y analizar datos masivos de clientes.

La IA y la PNL tienen una larga historia: sus primeros desarrollos se remontan a la década de 1950. Pero en los últimos años, estas tecnologías se han generalizado con la creciente popularidad de los asistentes de voz, los chatbots y ChatGPT, así como con la aparición de la generación Z (véase el gráfico 3.5). Este desarrollo de la interfaz hombre-máquina está allanando el camino para un metamarketing más interactivo.

GRÁFICO 3.5 Inteligencia artificial basada en el lenguaje

ASISTENTE DE VOZ	CHATBOT	GRAN MODELO LINGÜÍSTICO
Utilizar comandos de voz para realizar tareas específicas, p. ej., Amazon Alexa, Google Assistant y Apple Siri	Obtener respuestas rápidas a consultas básicas según un guion preprogramado	Generar textos complejos y coherentes con indicaciones, p. ej., ChatGPT de OpenAI

5. Dispositivos *wearables* inmersivos

Las empresas de electrónica de consumo apuestan cada vez más por los dispositivos inmersivos. Los dispositivos inmersivos son cualquier forma de tecnología que permita a los usuarios experimentar el mundo digital de forma que tengan la sensación de estar rodeados por él. Dos ejemplos de tecnología inmersiva son la realidad aumentada y la realidad virtual. La RA superpone el contenido digital al mundo real, lo que permite a los usuarios interactuar con los elementos reales y virtuales simultáneamente. Un ejemplo de realidad aumentada sería utilizar la cámara del *smartphone* para ver el entorno y ver imágenes digitales, como un Pokémon, superpuestas sobre el mundo real.

Por otro lado, la RV sumerge al usuario en un entorno completamente digital, creando una experiencia separada del mundo físico. Un ejemplo de realidad virtual sería utilizar un casco de RV para entrar en un mundo completamente digital, como un juego simulado, donde el usuario puede interactuar con objetos y personajes virtuales como si estuvieran allí.

Los dispositivos inmersivos suelen ser voluminosos y caros, lo que limita su disponibilidad a un pequeño grupo de usuarios profesionales. Por ejemplo, los cascos de RV como Oculus Rift y HTC Vive requieren potentes ordenadores y son incómodos para un uso prolongado.

Sin embargo, ha surgido una tendencia a hacer que los dispositivos de tecnología inmersiva sean más llevables y accesibles para la mayoría de la gente. Entre los *wearables* que ofrecen experiencias inmersivas se encuentran los auriculares de audio tridimensional (3D) y las gafas inteligentes.

El audio 3D inmersivo es una tecnología que crea la ilusión de que el sonido rodea al oyente, simulando cómo se oye en el mundo real. Por ejemplo, escuchar música en audio 3D hará que los usuarios sientan que están escuchando música en directo, en la que los distintos instrumentos y voces proceden de diferentes direcciones y distancias. Algunos ejemplos de audio 3D son el Spatial Audio de Apple y el 360 Reality de Sony, disponibles en los auriculares que fabrican estas marcas.

Otro *wearable* de moda son las gafas inteligentes, como las Ray-Ban Stories, que incorporan funciones de audio para responder llamadas o escuchar música y una cámara para hacer fotos y vídeos. Algunas, como Amazon Echo Frames y Razer Anzu, son compatibles con asistentes de voz, lo que permite a los usuarios utilizar comandos de voz para manejar las gafas. Las gafas más avanzadas tienen capacidades de realidad aumentada con pantallas integradas, que proyectan información en el campo de visión del usuario. Esta información puede incluir vídeos, mensajes e indicaciones de navegación.

Estos *wearables* inmersivos diseñados para los consumidores transforman la forma en que la gente consume contenidos digitales de audio y vídeo, ya que proporcionan una experiencia más manos libres que los teléfonos inteligentes, al tiempo que ofrecen las mismas funcionalidades y accesibilidad. A diferencia de los teléfonos inteligentes, los *wearables* permiten a las personas interactuar con el entorno que les rodea mientras acceden a los contenidos digitales, lo que hace que toda la experiencia sea más envolvente (véase el gráfico 3.6).

GRÁFICO 3.6 Dispositivos *wearables* inmersivos

AURICULARES DE REALIDAD VIRTUAL

Pantallas montadas en la cabeza para usos de realidad virtual, p. ej., Oculus Rift

AURICULARES 3D AUDIO

Auriculares que crean una ilusión de sonido 3D, p. ej., los AirPods de Apple con Spatial Audio

GAFAS INTELIGENTES

Gafas con funciones de audio, pantalla y cámara, p. ej., Ray-Ban Stories

RESUMEN. CINCO MICROTENDENCIAS QUE CONDUCEN AL METAMARKETING

Estamos asistiendo al auge de microtendencias en cinco áreas clave del estilo de vida digital —contenidos, redes sociales, comercio electrónico, inteligencia artificial y dispositivos— que reflejan la preferencia de las generaciones más jóvenes por experiencias más interactivas y envolventes. El vídeo de formato corto se está imponiendo para aprovechar los micromomentos de inmersión durante el viaje del cliente, mientras que las redes sociales están cambiando hacia comunidades más pequeñas y especializadas. Además, el comercio electrónico se está expandiendo más allá de los sitios web y mercados tradicionales para incluir modalidades más interactivas como el comercio social, el comercio conversacional y el comercio en directo.

En cuanto al *software*, la IA basada en el lenguaje, como los asistentes de voz, los chatbots y ChatGPT, permite una interacción sin fisuras entre el hombre y la máquina, fundamental para el marketing interactivo. Por último, en cuanto al *hardware*, las empresas de electrónica de consumo están creando dispositivos portátiles asequibles para ofrecer experiencias digitales inmersivas.

PREGUNTAS DE REFLEXIÓN

- ¿Cómo cree que afectará el auge de las plataformas comunitarias al dominio de las redes sociales más importantes, como Facebook e Instagram? ¿Aumentarán las plataformas más pequeñas o se adaptarán las más grandes a la tendencia comunitaria?

- ¿Cómo cree que los dispositivos de tecnología inmersiva transformarán el modo en que el público consumirá contenidos digitales en el futuro? ¿Cuáles son los posibles retos para generalizar su uso?

CAPÍTULO 4

EL FUTURO DE LA EXPERIENCIA DEL CLIENTE

Fusión de lo físico y lo digital
para una inmersión total

Existe una tendencia creciente entre los profesionales del marketing a cambiar su enfoque, se pasa de crear y vender productos a ofrecer una experiencia excepcional al cliente. Este cambio ha ampliado el alcance del marketing de una única función a un enfoque multifuncional, ya que la experiencia del cliente abarca todas las interacciones y puntos de contacto que un cliente tiene con una empresa.

Puede incluir varios puntos de contacto, como la exposición a la publicidad, la búsqueda en Google, la navegación por el pasillo, el uso del producto, las reclamaciones de garantía y el debate sobre el producto en las redes sociales. El impacto de cada punto de contacto está influido por el contexto de otros puntos de contacto, lo que hace que la experiencia del cliente sea holística e integrada. Por tanto, la experiencia del cliente es un concepto polifacético mayor que la suma de sus partes.

La tendencia a competir en el ámbito de la experiencia del cliente puede atribuirse a varios factores. En primer lugar, la transparencia de internet puede acelerar la comercialización de los productos, ya que clientes y competidores pueden comparar con facilidad sus especificaciones. Esto permite a los clientes elegir con conocimiento de causa y a los competidores emular rápidamente los mejores productos del mercado.

Las empresas deben confiar más en los factores intangibles para diferenciar sus productos a medida que disminuye la distancia entre las características tangibles. No basta con crear y lanzar un nuevo producto. La experiencia del cliente con un producto, desde el descubrimiento hasta la compra y el uso, se ha vuelto tan importante como el propio producto. A diferencia de las especificaciones del producto, la experiencia del cliente es subjetiva, cada cliente tiene una experiencia única y personal, lo que la hace menos susceptible a la mercantilización.

Otra razón por la que la experiencia del cliente se ha convertido en una estrategia de marketing ganadora es la reducción del ciclo de vida del producto. Las redes sociales cambian con velocidad las preferencias de las generaciones más jóvenes, lo que acorta el ciclo de vida de los productos. Las redes sociales determinan a menudo lo que está de moda y es deseable. Como los productos pierden popularidad rápidamente, las empresas disponen de un margen más estrecho para generar ingresos con ellos, lo que ha llevado a la necesidad de lanzar nuevos productos con frecuencia. Puede ser una tarea difícil. Sin embargo, ofrecer una experiencia única al cliente puede prolongar el ciclo de vida del producto.

Los vendedores se ven obligados a innovar en la experiencia del cliente debido a la aceleración de la mercantilización y la reducción de los ciclos de vida de los productos. Sin embargo, mejorar la experiencia del cliente no solo resuelve estos problemas, sino que también aumenta los ingresos (véase el gráfico 4.1). Elevar la experiencia del cliente conduce a un mayor compromiso, ya que los clientes pasan más tiempo con los productos, lo que se traduce en una mayor probabilidad de que aumente su disposición a pagar, compren más de los mismos productos y compartan sus experiencias con sus amigos y familiares.

Coca-Cola, una marca de tradición mundial, es un buen ejemplo. Aunque el producto estrella lleva más de 130 años sin cambiar, Coca-Cola reinventa continuamente la experiencia de compra y consumo del cliente para mantener la relevancia entre las generaciones más jóvenes.

Las campañas siempre han aprovechado las últimas tendencias. Por ejemplo, la campaña mundial Comparte una Coca-Cola captó la tendencia a la personalización entre las generaciones jóvenes al incluir en sus botellas 250 de los nombres más populares de cada país. En la campaña Friendly Twist, Coca-Cola introdujo máquinas expendedoras en los campus universitarios con botellas especialmente diseñadas que solo podían abrirse si se cerraban con llave y se retorcían con otras botellas iguales. Este diseño innovador fomentaba la interacción social, que escasea debido a la adicción a los teléfonos móviles.

GRÁFICO 4.1 El imperativo de la experiencia del cliente

ACELERACIÓN DE LA MERCANTILIZACIÓN DE LOS PRODUCTOS

La transparencia de internet facilita la comparación de las especificaciones de los productos

CICLO DE VIDA DEL PRODUCTO MÁS CORTO

Los rápidos cambios en las preferencias hacen que los productos pierdan popularidad rápidamente

EXPERIENCIA DEL CLIENTE INNOVACIÓN

MEJORAR LA EXPERIENCIA DEL CLIENTE CONDUCE A MEJORES RESULTADOS

• Mayor compromiso
• Mayor disposición a pagar
• Mayor volumen de compras
• Más boca a boca

En los últimos años, Coca-Cola ha sido pionera en adoptar la tendencia de las experiencias inmersivas. Presentó Coca-Cola Creations, una gama de bebidas de edición limitada que reinventaban el sabor icónico de Coca-Cola, complementado con experiencias inmersivas en los ámbitos físico y digital.

Una variante de esta línea es Coca-Cola Starlight, que imagina el sabor del espacio exterior. Al escanear una lata o una botella de este nuevo sabor a través del sitio web de Coca-Cola Creations, los usuarios pueden acceder a un concierto de realidad aumentada con la cantante estadounidense y embajadora de la marca Ava Max. Otra variante es Coca-Cola Zero Sugar Byte, una bebida inspirada en los juegos que imagina el sabor de los píxeles y viene acompañada de experiencias inmersivas. Coca-Cola creó una isla virtual en el videojuego *online* Fortnite que muestra el producto junto a una colección de minijuegos.

El enfoque de marketing de Coca-Cola demuestra que la empresa entiende el valor de competir en el ámbito de la experiencia del cliente. Incluso cuando introduce nuevos productos, la empresa siempre se esfuerza por ofrecer experiencias únicas y de moda integradas con los productos.

1. El futuro es inmersivo

El reciente enfoque de marketing de Coca-Cola ha demostrado que la experiencia inmersiva del cliente es una inminente tendencia que marca el marketing moderno. La campaña de difusión unidireccional ya no es eficaz para captar la atención de la audiencia en medio del abrumador contenido de internet y otros medios de comunicación. Las experiencias inmersivas son más atractivas porque implican al cliente física o virtualmente como parte integrante de la experiencia. Pensemos en la diferencia entre ver un concierto en YouTube y asistir a él en directo o entre estudiar un libro y aprender en un aula.

Para que una experiencia de cliente sea envolvente, cada punto de contacto debe estar meticulosamente coordinado para ofrecer una experiencia encapsulada. Es como diseñar un concierto en directo en el que cada punto de contacto contribuye a la inmersión global del cliente.

En esencia, cinco elementos conforman una inmersión completa: experiencias multisensoriales, interactivas, participativas, sin fricciones y narrativas (véase el gráfico 4.2). La experiencia multisensorial estimula los cinco sentidos (vista, oído, olfato, gusto y tacto) y capta mejor la atención del público. En un concierto, por ejemplo, estos elementos incluyen la escenografía y los efectos visuales (vista), la interpretación musical y los sistemas de audio (sonido), la comida y la bebida (olfato y gusto) y el contacto físico entre los asistentes (tacto).

La experiencia interactiva implica un diálogo bidireccional, mientras que la experiencia participativa requiere que el cliente participe. Algunos ejemplos de interacciones son los encuentros y saludos previos al evento o la participación del público durante la actuación del artista, lo que hace que el concierto sea más memorable para los participantes.

Además, el público puede participar cantando, bailando y aplaudiendo al ritmo de la música, lo que crea una sensación de inmersión más profunda.

GRÁFICO 4.2 Cinco elementos de las experiencias inmersivas

EXPERIENCIA INTERACTIVA
Implica un diálogo bidireccional

EXPERIENCIA MULTISENSORIAL
Simula los cinco sentidos

EXPERIENCIA INMERSIVA

EXPERIENCIA PARTICIPATIVA
Requiere una participación activa

EXPERIENCIA NARRATIVA
Construye una narrativa cohesionada

EXPERIENCIA SIN FRICCIONES
Minimiza las distracciones

La experiencia sin fricciones facilita la atracción principal al minimizar cualquier obstáculo innecesario. Ejemplos de estos puntos de contacto periféricos incluyen la compra de boletos y mercancía, y el acceso al lugar del concierto, todos los cuales deben ser fáciles y sin complicaciones para que la audiencia se concentre en el evento principal.

Finalmente, la experiencia narrativa une todos los demás elementos en una narrativa cohesiva. Un ejemplo de esto se puede ver en el concierto Historias de Rendición de Bono en 2022, donde sus éxitos musicales y monólogos se entrelazan con historias de su autobiografía para crear una narrativa fluida y significativa. Cuando estos cinco elementos se unen, crean una experiencia verdaderamente inmersiva.

Las empresas pueden aplicar este mismo enfoque para crear experiencias inmersivas. Apple Store es un excelente ejemplo de ello. Aunque los clientes pueden comprar fácilmente en apple.com, acuden a una Apple Store para vivir la experiencia.

Cuando vaya a una Apple Store, verá que los productos están expuestos en un espacio abierto, invitando a los clientes a probarlos. En concreto, los MacBook se exponen con las pantallas inclinadas 70º, lo que incita a los clientes a ajustar el ángulo de visión y jugar con ellos, lo que crea una experiencia multisensorial.

En la tienda, el personal de atención al público te recibirá y te ayudará mientras exploras los productos. Apple forma a sus empleados para que atiendan a los clientes con un enfoque conocido como APPLE, en el que juega con el nombre de la marca y lo convierte en las siglas, que en inglés significan: acercarse a los clientes; indagar para entender sus necesidades; presentar soluciones; escuchar y terminar la interacción con una despedida. Apple estandariza esta experiencia interactiva para garantizar que sus empleados atienden con empatía.

Las tiendas también ofrecen una experiencia participativa con las sesiones Hoy con Apple. En estas series de clases y talleres prácticos, los clientes pueden aprender diversas cosas, como fotografía con el iPhone, edición de vídeo y creación musical. Sin cajas registradoras ni colas para pagar, el personal de atención al público de Apple puede ayudar a los clientes a pagar en cualquier lugar de la tienda con sus dispositivos móviles y enviar el recibo por correo electrónico.

Se trata de una experiencia sin fricciones que pone la experiencia del producto en primer plano.

Todo ello se fusiona con la famosa narrativa de Apple, centrada en la sencillez y la facilidad de uso. En esencia, Apple crea un producto innovador que funciona sin complicaciones. Las Apple Stores son extensiones de los principios de diseño de productos de esta empresa en el comercio minorista. Al igual que los productos de Apple, las tiendas representan el minimalismo con su diseño limpio y despejado. Las transacciones e interacciones son intuitivas para los visitantes.

2. El futuro también es híbrido

Toda experiencia inmersiva tiene puntos de contacto físicos y digitales que funcionan a la perfección. Ambos tipos de puntos de contacto ofrecen ventajas únicas que rara vez son intercambiables. Esto es evidente cuando se compara el comportamiento de los clientes minoristas durante y después de la pandemia de la COVID-19. Cuando aún existían medidas de distanciamiento físico, los clientes recurrían a las compras en línea como una opción más cómoda y segura. Como resultado, el comercio electrónico experimentó un rápido crecimiento durante este tiempo.

Sin embargo, al disminuir las restricciones, muchos volvieron a los puntos de venta físicos para comprar. Una encuesta realizada por Mood Media reveló que el 71 % de los consumidores de todo el mundo compran ahora en tiendas físicas con la misma o mayor frecuencia que antes de la pandemia. Como resultado, muchas empresas de comercio electrónico, como Amazon y Shopify, han reducido sus operaciones a medida que los clientes recuperan sus antiguos hábitos, lo que pone de relieve las ventajas de comprar en tiendas físicas.

Además, las compras en línea ofrecen un surtido más amplio de productos, con acceso a opiniones fiables, comparaciones de precios y ofertas, lo que aumenta la confianza del cliente a la hora de tomar decisiones de compra. Aunque los clientes no puedan tocar los productos, pueden elegir con conocimiento de causa gracias a la información detallada disponible.

Y lo que es más importante, los puntos de contacto en línea permiten personalizar mejor los productos y las promociones. Los clientes pueden recibir recomendaciones basadas en su perfil e historial, lo que hace que su experiencia sea más relevante.

Con el auge de los nativos digitales, que viven tanto en espacios físicos como digitales, la incorporación de puntos de contacto digitales a la experiencia global del cliente se ha vuelto crucial para las empresas. Aunque la tendencia pospandémica sugiere que la mayoría de las experiencias de los clientes en la próxima década se producirá principalmente en espacios físicos, las empresas deben incorporar puntos de contacto digitales hasta cierto punto. La comodidad, eficacia y personalización de los puntos de contacto digitales pueden complementar los puntos de contacto físicos y crear una experiencia más envolvente para el cliente (véase el gráfico 4.3).

GRÁFICO 4.3 Ventajas de las experiencias en línea y fuera de línea

El metamarketing —la combinación de puntos de contacto físicos y digitales en experiencias inmersivas— es la clave para ganar la competición por la experiencia del cliente. Los puntos de contacto digitales se dirigen a los clientes que dan prioridad a las transacciones sin complicaciones ni fricciones. Aunque estos puntos de contacto apelan al lado racional y pragmático de los clientes, no sustituirán por completo a las experiencias físicas.

Los clientes que buscan interacciones sociales para satisfacer su necesidad de conexiones emocionales y experienciales prefieren los puntos de contacto físicos. Esto implica que las tiendas físicas deben dejar de ser meros canales de venta para convertirse en centros de experiencias, o se volverán indistinguibles del comercio electrónico y acabarán fracasando.

3. No existe una estrategia única

Aunque no existe un enfoque universal para fusionar las experiencias digitales y humanas en todos los sectores, hay una tendencia creciente hacia una mayor digitalización. A medida que la economía mundial se enfrenta a retos como la inflación y la ralentización del crecimiento, las empresas se ven obligadas a adoptar tecnologías digitales para mejorar su eficiencia. Sin embargo, mientras se esfuerzan por aumentar los puntos de contacto digitales, a menudo pasan por alto la importancia del contacto humano. Una encuesta mundial de PwC confirmó que dos tercios de los clientes creen que las empresas han descuidado el elemento humano de la experiencia del cliente.

En este contexto es fundamental saber cuándo dar prioridad a las interacciones en persona y cuándo incorporar la tecnología. Por lo tanto, clasificamos los puntos de contacto de la experiencia del cliente en cuatro escenarios basados en la importancia de la experiencia humana en la experiencia global del cliente y la medida en que la experiencia digital puede sustituir algunos puntos de contacto.

Estos escenarios existen dentro de un espectro. En un extremo del espectro (escenario 1), el contacto humano es lo menos importante, lo que hace posible una automatización total y una experiencia sin fricciones. En el otro extremo (escenario 4), el contacto humano es de suma importancia, por lo que la experiencia aumentada hombre-máquina es el mejor enfoque (véase el gráfico 4.4). Comprender estos cuatro escenarios es esencial para determinar la mejor integración de la tecnología digital y el contacto humano.

Escenario 1: La presencia humana facilita las transacciones

En algunos casos, los seres humanos actúan principalmente como intermediarios en las transacciones, como ocurre con los cajeros de los bancos, los cajeros de los supermercados y las taquillas. Estas funciones tienen procedimientos bien definidos y son relativamente sencillas. Sin embargo, en los últimos años estas funciones han sido sustituidas cada vez más por puntos de contacto digitales, como los cajeros automáticos, las máquinas de autopago y los quioscos de autoservicio.

Este cambio hacia los puntos de contacto digitales puede atribuirse a varios factores, como las expectativas cambiantes de los clientes. Muchos clientes prefieren una interacción social mínima en estos escenarios transaccionales, ya que las conexiones humanas son menos relevantes cuando el trayecto es relativamente corto. En su lugar, los clientes buscan experiencias rápidas que minimicen la fricción y el contacto innecesario.

GRÁFICO 4.4 Sustitución de experiencias humanas por experiencias digitales

Además, los puntos de contacto digitales tienen más sentido comercial para las empresas. Estas transacciones rutinarias no suelen requerir un buen juicio o un grado significativo de personalización por parte de los trabajadores de primera línea. Los puntos de contacto digitales pueden realizar estas transacciones de forma más rápida, eficiente y precisa. Además, los puntos de contacto digitales de autoservicio están disponibles 24 horas al día, 7 días a la semana, lo que los convierte en una opción preferible para las empresas.

Digitalizar la experiencia humana en este escenario es relativamente sencillo, ya que el objetivo es eliminar la fricción. Se trata principalmente de implementar experiencias digitales de autoservicio y basadas en pantallas con interfaces de usuario (UI) y experiencias de usuario (UX) fáciles de usar. Por ejemplo, restaurantes de comida rápida como McDonald's, Taco Bell y KFC han introducido más quioscos de autoservicio en sus locales. Estos quioscos han aumentado el número de pedidos y los márgenes, lo que demuestra las ventajas de los puntos de contacto digitales.

Hoy en día, las empresas pueden utilizar datos biométricos como huellas dactilares, reconocimiento facial y otras credenciales digitales para validar las transacciones de forma más rápida y segura. Esta tecnología permite a los clientes verificar su identidad muy rápido, reduciendo el tiempo y el esfuerzo necesarios para completar las transacciones. Un ejemplo de ello es la implantación en Panera del sistema de pago con la palma de la mano de Amazon One. El sistema pide a los clientes que escaneen la palma de la mano, lo que permite a los empleados de Panera dirigirse a los clientes por su nombre, sugerir sus pedidos habituales y permitir el pago escaneando la palma de la mano una vez más.

En el futuro, es probable que los puntos de contacto digitales sigan sustituyendo a algunas personas en este escenario, en el que su función principal es facilitar las transacciones. En esta categoría de puntos de contacto, la automatización total puede convertirse en el objetivo final, lo que contribuye al componente de experiencia sin fricciones.

Escenario 2: El compromiso humano salva la brecha de confianza

Los clientes que hacen grandes compras, como un coche nuevo o una casa, a menudo investigan y exploran sus opciones para hacer la mejor elección posible. En estas situaciones, los clientes prolongan de forma deliberada la fase de descubrimiento del proceso general de toma de decisiones. Se necesitan fricciones adicionales para ganar confianza en su elección.

Por ejemplo, pueden programar pruebas de conducción cuando se deciden por un coche nuevo o concertar citas para visitar una casa cuando exploran opciones de vivienda para adquirir experiencia práctica y mantener conversaciones con vendedores de coches o agentes inmobiliarios. Estas interacciones desempeñan un papel crucial en la creación de confianza, por lo que los puntos de contacto de alto compromiso son imprescindibles para las compras de gran valor.

Si bien la digitalización completa en estos escenarios es más desafiante, fabricantes de automóviles como Tesla, Volvo y Ford están avanzando hacia las ventas en línea, sobre todo, en el caso de los vehículos eléctricos (VE). En 2019, Tesla comenzó a vender coches completamente en línea, y Volvo siguió su ejemplo vendiendo sus VE exclusivamente en línea en 2021. Ford también planea trasladar sus ventas de VE al canal de comercio electrónico.

Para ayudar a los clientes a decidirse, estos fabricantes utilizan pruebas de conducción en realidad virtual para que los clientes potenciales experimenten el aspecto y el tacto del coche, con vistas de 360º, sonidos realistas e incluso aceleración y frenado simulados.

Sin embargo, es poco probable que el modelo de concesionario desaparezca por completo debido a algunas leyes estatales que obligan a la venta de coches a través de concesionarios. Y lo que es más importante, los clientes no querrán eliminar la visita al concesionario, aunque se sientan cómodos con la experiencia de la RV. Al igual que el sector minorista, los concesionarios físicos evolucionarán para ofrecer interacciones y experiencias más allá de las transacciones como complemento vital a los canales *online*.

Los puntos de contacto físicos no tienen por qué ser a la fuerza costosos. Por ejemplo, Tesla ofrece ahora pruebas de conducción a distancia a sus clientes con asesores de ventas virtuales que interactúan a través de canales digitales. Los clientes pueden reservar una cita en el sitio web de Tesla, ir a un aparcamiento remoto con vehículos Tesla, llamar a Tesla cuando lleguen y esta les desbloqueará el coche a distancia. A continuación, el cliente puede probar el vehículo durante treinta minutos y devolverlo en el lugar exacto.

En esta categoría de puntos de contacto, la experiencia digital solo puede sustituir parcialmente a la experiencia humana tradicional. Aunque las ventas en línea y las experiencias virtuales son cada vez más habituales en las grandes compras, los puntos de contacto en persona siguen siendo esenciales para generar confianza en el cliente, lo que contribuye al componente de experiencia interactiva.

Escenario 3: La relación humana mejora el producto

En determinadas situaciones, sobre todo cuando se trata de productos complejos con aspectos tangibles e intangibles, las relaciones humanas pueden aumentar el valor del producto. La entrega del producto, especialmente por parte de la persona que lo entrega, es un factor crítico en la decisión del cliente de comprar o utilizar el producto.

Además, esto concuerda con el principio psicológico de la autoridad, según el cual las personas tienden a seguir las orientaciones de profesionales de confianza, bien informados y con amplia experiencia.

Un ejemplo de ello son los servicios de gestión de patrimonios, en los que los clientes con grandes patrimonios reciben orientación personalizada en materia de inversiones por parte de gestores de patrimonios con habilidades técnicas e interpersonales. Son muchos los factores que influyen en la satisfacción de los clientes, entre ellos la analítica de *back end* y el *software* de *front end* que permiten a las empresas de gestión de patrimonios analizar las inversiones de sus clientes y ofrecerles recomendaciones.

Aparte de estos productos tangibles, el toque humano en la gestión de patrimonios desempeña un papel vital, proporcionando una experiencia competente y digna de confianza detrás del asesoramiento financiero. Según McKinsey, el sector de la gestión de patrimonios alcanzó tasas récord de retención de clientes (cerca del 95 %) en 2020 debido a que los clientes consolidaron sus asesores financieros y reforzaron sus relaciones con sus principales asesores de confianza.

En los entornos de empresa a empresa (B2B) se dan con frecuencia situaciones similares. Las empresas tecnológicas que venden productos complejos a clientes corporativos suelen emplear a ingenieros de ventas con conocimientos prácticos de los productos y habilidades para presentarlos. En IBM y Cisco, por ejemplo, los ingenieros de ventas se encargan de combinar su comprensión de las necesidades del cliente con su conocimiento de los productos de IBM. Esto les permite ofrecer soluciones a medida y mantener relaciones sólidas con los clientes. En otras palabras, los ingenieros de ventas son una mezcla de especialistas técnicos que comprenden los productos y representantes de ventas que establecen relaciones con los clientes. Cuando los productos tienen poca diferenciación, las relaciones con los ingenieros de ventas pueden ser el factor decisivo que influya en los clientes potenciales.

En estos sectores, las empresas y los clientes cocrean experiencias y la mayoría de las decisiones se toman en conjunto. En consecuencia, la digitalización de los puntos de contacto es limitada, ya que las empresas deben facilitar una experiencia participativa en la que ambas partes intervengan. Solo un modelo híbrido que equilibre los puntos de contacto digitales y presenciales puede lograrlo.

Una forma de conseguirlo es a través de una plataforma de autoservicio y un cuadro de mandos que ofrezcan a los clientes apoyo para la toma de decisiones las 24 horas del día, los 7 días de la semana, al tiempo que se complementa con interacciones a distancia entre el personal de la empresa y los clientes a través de canales de comunicación digitales, que representarán el 80 % de las interacciones de ventas B2B entre proveedores y compradores en 2025 (Gartner).

Escenario 4: La experiencia humana es el producto

Hay situaciones en las que una experiencia del cliente excepcional depende en gran medida del toque humano. Esto es especialmente cierto cuando la conexión de persona a persona es el principal motivador de la compra de un cliente. Por lo tanto, el éxito de las ofertas de las empresas depende de la capacidad de demostrar empatía y la interfaz humana define en última instancia el nivel de satisfacción del cliente.

El sector de la hostelería es un caso evidente. Según Statista, casi el 70 % de las reservas de viajes y turismo en 2022 se harán por internet. Además, la pandemia ha acelerado la adopción de tecnologías sin contacto sin contacto, como el registro de entrada móvil, las llaves digitales y las habitaciones inteligentes. Sin embargo, estos avances no pretenden sustituir la interacción humana, ya que la hostelería se basa en las conexiones personales.

El fracaso de Henn na, el primer hotel del mundo gestionado exclusivamente por robots, demostró esta limitación de la digitalización en la hospitalidad. El hotel, inaugurado en 2015 en Japón, al inicio contaba con una plantilla exclusivamente robotizada. Sin embargo, en 2019, la dirección tuvo que sustituir la mitad de los robots por personal humano, lo que demuestra que las máquinas no pueden atender adecuadamente algunos aspectos que requieren mayor cercanía entre la marca y el consumidor. Aunque algunos hoteles Hilton y Marriott también emplearon robots para la entrega en habitaciones sin contacto durante la pandemia, el servicio humano siguió siendo crucial para proporcionar a los huéspedes una experiencia satisfactoria.

Tomemos como ejemplo el Ritz-Carlton, donde cada miembro del personal de primera línea está autorizado a ejercer su criterio para resolver rápidamente problemas complicados de los huéspedes o crear experiencias encantadoras para ellos. Como símbolo de autonomía, cada empleado puede gastar hasta 2000 dólares por cliente. Ni siquiera la IA más avanzada puede reproducir una toma de decisiones tan discrecional.

Otro ejemplo es el sector sanitario. El sector sanitario, igual que el hotelero, ha experimentado una importante transformación digital en los últimos años. La telemedicina, por ejemplo, ha cobrado impulso durante la pandemia, facilitando el acceso remoto de los pacientes a la atención sanitaria. Además, los historiales médicos electrónicos ofrecen a los médicos información sobre los pacientes en tiempo real y proporcionan los datos necesarios para que la inteligencia artificial ayude a los médicos a realizar diagnósticos y determinar opciones de tratamiento. Por otra parte, los *wearables* y el seguimiento de la salud a través de aplicaciones móviles ofrecen a los pacientes medidas de atención sanitaria preventiva.

A pesar de estos avances digitales, los profesionales sanitarios, como médicos y enfermeras, siguen siendo vitales, sobre todo, para los tratamientos a largo plazo. Una encuesta de Kyruus en Estados

Unidos revela que casi dos tercios de los pacientes consideran el acceso a la telemedicina un factor crucial a la hora de decidir dónde recibir atención sanitaria en el futuro. Sin embargo, la mayoría de los pacientes siguen prefiriendo la atención presencial para sus necesidades sanitarias a largo plazo. La interacción con los profesionales sanitarios da a los pacientes la sensación de que se les cuida y les infunde confianza en que están en buenas manos.

En los sectores de la hostelería y la sanidad, la experiencia multisensorial determina la calidad del servicio. Aunque la digitalización ha aportado comodidad y eficiencia a estos sectores, es más importante ofrecer una experiencia humana de alta calidad. Curiosamente, la adopción de tecnologías para tareas administrativas en estos sectores libera al personal de cara al cliente para interactuar más con él, aumentando así la experiencia humana.

RESUMEN. FUSIÓN DE LO FÍSICO Y LO DIGITAL PARA UNA INMERSIÓN TOTAL

Hoy en día, las empresas se enfrentan al reto de una mercantilización más rápida y un ciclo de vida del producto más corto. Por ello, se centran en ofrecer experiencias excepcionales a los clientes en lugar de competir únicamente con sus productos. Los cinco elementos de una experiencia inmersiva integral para el cliente son experiencias multisensoriales, interactivas, participativas, sin fricciones y narrativas. Cuando se orquestan con cuidado, estos componentes crean una experiencia de inmersión total para los clientes.

Para lograrlo, las empresas deben combinar eficazmente la alta tecnología y el tacto. Deben comprender las ventajas de los puntos de contacto físicos y digitales e identificar situaciones en las que los puntos de contacto digitales puedan sustituir a los físicos sin comprometer la experiencia inmersiva del cliente.

PREGUNTAS DE REFLEXIÓN

- ¿Cómo prioriza y equilibra su empresa el toque humano y las experiencias digitales en las interacciones con los clientes? ¿Hay áreas que podrían beneficiarse de una mayor digitalización o de una conexión humana más personal?

- ¿Cómo puede su empresa orquestar toda la experiencia del cliente para hacerla más envolvente? Por ejemplo, ¿utilizaría un enfoque multisensorial o una experiencia sin fricciones?

PARTE II

EL MARKETING 6.0
FACILITADOR Y ENTORNO

CAPÍTULO 5

COMPRENDER LOS HABILITADORES TECNOLÓGICOS

Cinco tecnologías fundamentales que impulsan el metamarketing

La creación de experiencias atractivas que abarquen tanto el mundo físico como el digital presenta varios retos importantes que solo la tecnología puede resolver (véase el gráfico 5.1). Uno de los principales retos es que, como indican las tendencias tras la pandemia, la gente está volviendo a las experiencias en persona, lo que significa que la mayoría de las experiencias de los clientes tendrán lugar probablemente en el mundo físico en los próximos años. Sin embargo, la mayoría de los datos que recogen las empresas son digitales. Por lo tanto, es necesario encontrar una forma de captar estas experiencias de los clientes en el mundo físico, convertirlas en datos digitales y proporcionar información en tiempo real.

Además, el mundo físico es tridimensional, lo que significa que cada punto de contacto e interacción en la experiencia del cliente es también tridimensional. En cambio, las experiencias digitales en internet se limitan principalmente a pantallas bidimensionales. Por consiguiente, es necesario desarrollar un método para transformar las experiencias virtuales en tridimensionales a fin de integrar a la perfección las experiencias físicas y digitales.

Por último, la creación de experiencias inmersivas exige comprender a la audiencia y recopilar información exhaustiva sobre ella, desde datos demográficos hasta comportamientos. Esto plantea importantes problemas de privacidad y seguridad. Por tanto, se necesita una infraestructura más segura para desarrollar y ofrecer estas experiencias inmersivas.

GRÁFICO 5.1 Tres retos de la fusión de experiencias físicas y digitales

FÍSICO / DIGITAL

La mayoría de las experiencias de los clientes tendrán lugar en el mundo psíquico

Los datos que deben recopilar las empresas son digitales

Cada punto de contacto e interacción física es tridimensional

Las experiencias digitales se limitan a pantallas bidimensionales

A los clientes les preocupa la privacidad y la seguridad en sus relaciones con las empresas

La digitalización implica recopilar datos exhaustivos de los clientes

En este capítulo exploraremos cinco tecnologías esenciales que ayudan a las empresas a superar estos retos y mejorar su capacidad de metamarketing inmersivo. Estas tecnologías incluyen:

- Internet de las cosas para la captura de datos.
- Inteligencia artificial para el procesamiento de datos.
- Computación espacial para el modelado de experiencias.
- Realidad aumentada y realidad virtual para la interfaz.
- *Blockchain* para la infraestructura.

1. Internet de las cosas para la captura de datos

Hoy en día es posible conectar prácticamente cualquier objeto a internet, yendo más allá de los ordenadores y los teléfonos móviles. Esto incluye máquinas, dispositivos, vehículos, bienes e incluso personas que pueden interactuar entre sí cuando se conectan a través de una red. El término utilizado para describir esta interconectividad es internet de las cosas que ha acelerado significativamente la automatización en la última década.

Los dispositivos IoT suelen estar equipados con sensores que pueden recoger datos del entorno físico circundante y convertirlos en valiosa información en tiempo real. Estos sensores tienen diversas aplicaciones, como el seguimiento de la ubicación de vehículos y mercancías y el control de la temperatura en hogares inteligentes. Además, los sensores en comercios pueden detectar los movimientos de personas y mercancías dentro de una tienda. Los sensores también se emplean en *wearables*, como *smartwatches* y rastreadores de *fitness*, para observar diversos indicadores del bienestar humano, como el nivel de actividad física y la calidad del sueño, y detectar emergencias como caídas o colisiones.

Algunos dispositivos IoT también están equipados con actuadores, que funcionan a la inversa. Mientras que los sensores captan las condiciones ambientales y las convierten en datos digitales, los actuadores convierten los datos digitales en acciones físicas. Esto permite a los usuarios controlar los dispositivos IoT y automatizar acciones específicas basadas en los datos captados por los sensores. Por ejemplo, el IoT puede permitir a los residentes de casas inteligentes controlar a distancia o automáticamente la temperatura en función de las condiciones meteorológicas. Con IoT, los minoristas también pueden enviar al instante notificaciones de promociones a través de la aplicación, activadas por los compradores que pasean por el pasillo de la tienda.

Según las estimaciones de McKinsey, el potencial económico mundial liberado por IoT en todos los sectores podría oscilar entre 5.5 y 12.6 billones de dólares en 2030. Además de automatizar el funcionamiento y el mantenimiento de las instalaciones de fabricación, se espera que IoT genere valor creando experiencias inmersivas para los clientes.

La capacidad de IoT para supervisar y controlar los entornos físicos la convierte en una valiosa tecnología para fusionar los universos físico y digital. Así, es una tecnología fundamental para crear una experiencia inmersiva en tiendas minoristas y otros lugares físicos, como hogares de clientes, oficinas y vehículos. IoT puede incorporar funciones en línea a dispositivos que, de otro modo, estarían desconectados, permitiendo interacciones fluidas con experiencias digitales.

Como resultado, IoT ofrece a los profesionales del marketing la oportunidad de crear campañas de marketing innovadoras que integren a la perfección elementos *online* y *offline*. La campaña The Protection de Nivea es un buen ejemplo de ello. El anuncio impreso destaca el compromiso de Nivea con la protección solar de los niños en las actividades playeras y presenta una de papel. Los niños pueden llevar la pulsera, que puede sincronizarse con la aplicación móvil de Nivea, que avisa a los padres si sus hijos se alejan demasiado de la playa, lo que refuerza aún más el posicionamiento de la protección. Del mismo modo, Heineken lanzó una campaña en 2022, regalando un dispositivo IoT llamado The Closer, que se parece a un abrebotellas tradicional con la marca Heineken. The Closer utiliza un sensor para detectar la apertura de una botella, se comunica con el dispositivo del usuario a través de *bluetooth* y cierra las aplicaciones de trabajo seleccionadas. Con esta campaña,

Heineken pretende contrarrestar el desequilibrio entre trabajo y vida privada, animando a los trabajadores a pasar tiempo libre.

Pero el caso de uso más popular de IoT para ofrecer experiencias inmersivas es el marketing de proximidad en los sectores minorista y de restauración. Grandes empresas como Walmart, Target y McDonald's utilizan balizas IoT, pequeños dispositivos sin cables que se comunican con los dispositivos cercanos a través de *bluetooth*. Estas balizas funcionan como una herramienta de microlocalización. Permiten a los minoristas detectar la presencia de clientes concretos en sus establecimientos y enviar mensajes publicitarios contextuales y personalizados a través de notificaciones en sus aplicaciones móviles.

Y, lo que es más importante, las balizas sirven como herramienta de captación de datos, lo que permite a los minoristas obtener información procesable sobre los clientes en los canales *online* y *offline*. La colocación estratégica de balizas en una tienda, por ejemplo, cerca de la entrada y en cada sección de categoría, permite un seguimiento preciso de los clientes. Los minoristas pueden analizar los patrones de tráfico para optimizar el momento de las campañas publicitarias y controlar el movimiento de los clientes para mejorar la distribución de la tienda.

La tecnología también permite a los minoristas realizar una atribución precisa del marketing entre canales, lo que implica identificar el impacto de varios canales de marketing en el recorrido del cliente hacia un objetivo específico. Con la capacidad de rastrear las interacciones de los clientes tanto en línea como fuera de línea con IoT, los comerciantes pueden evaluar si los anuncios en motores de búsqueda o redes sociales dieron lugar a una visita a una tienda física y a la posterior compra. El IoT desempeña un papel fundamental en la captura de datos en tiempo real a la hora de ofrecer experiencias inmersivas a los clientes. Aunque la digitalización es cada vez mayor, la mayoría de las experiencias de los clientes siguen teniendo lugar en espacios físicos, donde la mayoría de los puntos de contacto siguen siendo *offline*. Tradicionalmente, los profesionales del marketing dependían de amplios estudios de mercado para comprender estos puntos de contacto *offline*. Sin embargo, IoT ofrece una nueva solución que puede transformar estos puntos de contacto *offline* en *online*, permitiendo a los profesionales del marketing captar una imagen completa del recorrido del cliente en tiempo real.

2. Inteligencia artificial para el tratamiento de datos

La inteligencia artificial es la capacidad de los ordenadores de imitar las capacidades cognitivas humanas, lo que les permite realizar tareas que suelen requerir inteligencia humana, como la resolución de problemas. Al igual que la inteligencia humana, la IA se desarrolla mediante el aprendizaje y el procesamiento de la información.

El aprendizaje automático (un concepto dentro de la IA) intenta emular este proceso. Mediante el procesamiento continuo de conjuntos de datos desorganizados, se entrena a los ordenadores para que reconozcan patrones y creen algoritmos, es decir, reglas que conecten estos conjuntos de datos. y crear algoritmos, es decir, reglas que conecten estos conjuntos de datos. Con estos algoritmos, la IA puede hacer predicciones y recomendar acciones. Al igual que los humanos, la IA mejora con el tiempo aprendiendo de nuevos datos y analizando las predicciones acertadas o fallidas.

Hoy en día, la IA se ha convertido en una herramienta estándar para que los profesionales del marketing alcancen diversos objetivos. Un uso básico es crear una interfaz digital de bajo coste para los clientes. Mediante la creación de chatbots con IA, los profesionales del marketing automatizan las respuestas a las consultas básicas de los clientes en los procesos de ventas y atención al cliente, en los que la IA es especialmente eficaz. Esto libera recursos humanos para centrarse en interacciones más complejas y de mayor valor.

Entre bastidores, los profesionales del marketing utilizan la IA para predecir el comportamiento de los consumidores. Utilizando algoritmos de IA basados en datos históricos de transacciones, los vendedores pueden identificar a los clientes que tienen más probabilidades de comprar y un mayor valor de vida. Además, la IA puede predecir qué características del producto serán populares en el mercado y sugerir el siguiente producto recomendado a un cliente concreto basándose en sus compras anteriores. Esto, a su vez, mejorará la experiencia del cliente.

En los últimos años, PepsiCo ha incorporado de manera proactiva la IA a sus esfuerzos de marketing para garantizar una experiencia de compra y consumo excepcional. Por ejemplo, PepsiCo aprovecha la IA para producir un planograma personalizado para cada socio del canal minorista, que contiene un diagrama que detalla la colocación óptima de productos minoristas específicos en estanterías o expositores para maximizar las compras de los clientes. Esto se consigue con la ayuda de un representante de ventas que graba un vídeo de las estanterías de la tienda, que la IA analizará a continuación para elaborar el planograma.

Otro caso de aplicación de la IA en PepsiCo es garantizar una experiencia de consumo uniforme de sus productos. Por ejemplo, PepsiCo utiliza la IA para formular las características adecuadas de los Cheetos para satisfacer las expectativas de los clientes, desde la textura, el crujido, el punto de fusión en la boca y la curva del hojaldre, hasta la cantidad de cobertura de queso.

PepsiCo también redujo drásticamente el tiempo necesario para introducir nuevos productos en el mercado, de años a meses, aprovechando la IA para analizar millones de conversaciones en las redes sociales y detectar rápidamente los cambios en las preferencias de los clientes. Como resultado, productos como los *snacks* de algas Off The Eaten Path, el agua embotellada para mejorar la inmunidad Propel y el agua con gas de sabores Bubbly se desarrollaron con características identificadas por el motor de IA.

La IA generativa, un tipo de sistema de IA capaz de producir textos, imágenes y vídeos en respuesta a instrucciones —como ChatGPT y DALL-E de Open AI— también se utiliza en publicidad y marketing de contenidos, donde ayuda a producir campañas de marketing rápidamente y a gran escala. Esto permite personalizar el marketing a nivel micro, lo que resulta en una narración de campaña que resuena con la audiencia.

La iniciativa #NotJustACadburyAd de Cadbury, que apoyó a las empresas locales indias afectadas por la pandemia, es un buen ejemplo de esta aplicación. La campaña empleó tecnología de IA generativa para recrear el rostro y la voz del embajador de la marca, Shah Rukh Khan, haciendo que pareciera que mencionaba los nombres de las empresas locales en los anuncios. Las pequeñas empresas podían participar produciendo sus versiones de anuncios sintéticos, que acumularon más de 130 000 anuncios y cosecharon 94 millones de visitas en diversas plataformas de medios sociales.

Sin embargo, el papel más importante de la IA en el marketing inmersivo es crear una experiencia contextual en tiempo real. La IA permite a los profesionales del marketing segmentar el mercado en la unidad más granular: un cliente individual, lo que posibilita un marketing personalizado e individualizado. La ventaja significativa de la IA es su capacidad para operar en tiempo real, ya que, continuamente, captura datos de IoT, aprende sobre los clientes y ofrece al instante el producto o contenido más relevante. Esto permite a los profesionales del marketing crear una experiencia altamente contextual e inmersiva sobre la marcha.

Con la llegada de la IA periférica (una combinación de la IA y de la computación periférica. definida a continuación), la velocidad de procesamiento de la IA ha aumentado aún más. Esta tecnología implica el procesamiento de datos más cerca de su recopilación de datos IoT (*edge computing*) en lugar de en un centro de datos remoto (*cloud computing*). Esto permite un procesamiento de datos más rápido y de mayor volumen, lo que se traduce en acciones en tiempo real.

Un ejemplo es Cooler Screens, una empresa especializada en *merchandising* y medios digitales en tiendas. Walgreens experimentó con Cooler Screens en 2019 instalando neveras que combinan IoT y *edge AI*. Estas neveras inteligentes están equipadas con detección facial, seguimiento ocular y sensores de movimiento para recopilar información sobre la persona que se encuentra ante las neveras, como su perfil e intereses. La pantalla muestra entonces recomendaciones de productos y anuncios personalizados.

Hasta 2023, Cooler Screens ha instalado más de 10 000 pantallas en minoristas como Kroger, Circle K y CVS. Además, planea ampliar sus esfuerzos de marketing contextual por toda la tienda añadiendo pantallas inteligentes a otras superficies, creando una experiencia más envolvente en la tienda.

3. Informática espacial para el modelado de experiencias

La informática espacial se refiere a un grupo de tecnologías que gestionan cómo los humanos pueden interactuar intuitivamente con los objetos de su entorno y orquestarlos. Ejemplos de su aplicación práctica son un sistema que enciende automáticamente las luces del baño cuando alguien entra por la noche o activa la cinta transportadora de una fábrica cuando un trabajador coloca un objeto sobre ella.

La computación espacial suele comenzar con la construcción de gemelos digitales, que son réplicas digitales precisas de activos físicos en un entorno virtual, a menudo en modelos tridimensionales (3D). Los gemelos digitales reproducen con precisión el aspecto y la función del activo original y suelen utilizarse para modelar y simular el mundo real.

La creación de gemelos digitales para tiendas, fábricas, edificios y ciudades inteligentes puede ayudar a generar ideas, planificar mejoras y diseñar la experiencia dentro de esos espacios. Shanghái e incluso una nación pequeña como Singapur ya disponen de gemelos digitales 3D, que se utilizan para diversos fines, como la supervisión del flujo de tráfico, la planificación de nuevos desarrollos e incluso la simulación de la gestión de catástrofes.

La computación espacial integra estos gemelos digitales 3D con varias tecnologías clave, algunas de las cuales hemos analizado en este capítulo. Por ejemplo, el IoT es necesario para transmitir información del mundo físico al gemelo digital. Los datos de tráfico de Shanghái captados con IoT, por ejemplo, se modelan en el gemelo digital para su posterior análisis en tiempo real. La tecnología de gemelos digitales utiliza la IA para procesar estas grandes cantidades de datos de sensores e identificar patrones de datos para generar perspectivas procesables. Como resultado, los gobiernos pueden visualizar, simular y crear mejoras en los gemelos digitales e implementarlas posteriormente en el mundo real.

A menor escala, el SoFi Stadium, sede de Los Angeles Rams y Los Angeles Chargers de la Liga Nacional de Fútbol Americano (NFL), también cuenta con un gemelo digital del estadio y del Hollywood Park que lo rodea. El gemelo digital ha demostrado ser beneficioso para mejorar la experiencia de los visitantes, especialmente durante grandes acontecimientos como la Super Bowl. Por ejemplo, puede detectar zonas con temperaturas más altas y resolver el problema con rapidez. Además, el gemelo digital es una valiosa herramienta para la gestión del día del partido, ya que permite una coordinación racionalizada de los miles de empleados de primera línea que operan en distintos lugares del estadio.

La computación espacial es una tecnología clave para simular experiencias, lo que permite a las empresas mejorar su capacidad de planificación. En lugar de diseñar las experiencias de los clientes en teoría, la computación espacial permite a las empresas crear simulaciones visuales en 3D de sus diseños, sobre todo, cuando desarrollan experiencias inmersivas para los clientes.

La informática espacial también es crucial para ofrecer al cliente una experiencia envolvente que integre a la perfección las interfaces físicas y digitales. Por ejemplo, en el sector de la moda y la belleza, se utiliza en tiendas minoristas para ofrecer a los clientes una experiencia de compra más interactiva y envolvente. Un ejemplo de ello es el uso de la comunicación espacial en probadores inteligentes probados por marcas de moda como Ralph Lauren, American Eagle Outfitters y COS.

Los probadores inteligentes utilizan la informática espacial para reconocer al instante las prendas que los clientes introducen en el probador y ofrecerles recomendaciones personalizadas sobre productos y estilismo. Con las imágenes en 3D, los compradores pueden probarse virtualmente desde varios ángulos, incluso artículos que no están disponibles en las tiendas pero que pueden encargarse para su entrega. Las pruebas virtuales también son populares entre los minoristas de belleza. Por ejemplo, Sephora tiene la aplicación Virtual Artist, que escanea el rostro y permite a los clientes probarse el maquillaje virtualmcntc, disponible en teléfonos móviles y en tiendas selectas. Del mismo modo, L'Oréal utiliza una prueba virtual llamada Style My Hair, que permite a los consumidores probar diferentes cortes de pelo, colores y estilos virtualmente.

La aplicación de la informática espacial para ofrecer este tipo de experiencias está relacionada con tecnologías de interfaz como la realidad virtual y la realidad aumentada.

4. Realidad aumentada y realidad virtual para la interfaz

El desarrollo de experiencias inmersivas que combinen los mundos físico y digital se basa en gran medida en el campo de la interfaz hombre-máquina (HMI), que explora formas de que los humanos interactúen con las máquinas. Aunque las personas navegan por mundos físicos tridimensionales, la mayoría de las interacciones con la tecnología y los contenidos digitales se producen en pantallas bidimensionales. Por ello, la última tendencia en interfaces se centra en tecnologías tridimensionales como la realidad virtual y la realidad aumentada, que pretenden salvar esta distancia.

Tanto la RA como la RV utilizan tecnología de computación espacial. La tecnología de RV sustituye la visión del mundo físico del usuario por un entorno virtual simulado mediante pantallas montadas en la cabeza que bloquean su campo de visión. El resultado es una experiencia completamente inmersiva que no permite a los usuarios interactuar con su entorno físico.

Por otro lado, la realidad aumentada superpone contenidos digitales a la visión del mundo real del usuario sin obstruir por completo su campo de visión. Para experimentar la RA, los usuarios suelen utilizar teléfonos móviles o gafas especializadas. Esta tecnología permite a los usuarios interactuar con elementos digitales sin perder de vista su entorno físico. Lo que el usuario ve es en parte digital y en parte real. En esencia, mientras que la RV proporciona una experiencia inmersiva digital, la RA combina experiencias físicas y digitales.

Tanto la RA como la RV crean una experiencia más envolvente. Especialmente cuando se combinan con la tecnología de gemelos digitales, los componentes digitales de la RA y la RV adquieren mayor realismo. Por ejemplo, en la realidad aumentada, los gemelos digitales pueden utilizarse para proyectar objetos virtuales en el entorno real de forma que se ajusten con precisión a sus propiedades físicas. En RV, los gemelos digitales pueden crear simulaciones precisas y realistas de entornos del mundo real, como edificios, coches y ciudades.

Aunque las tecnologías de RA y RV están cambiando la forma en que interactuamos con los contenidos digitales, sus trayectorias difieren. RV se utiliza principalmente para fines corporativos, en parte debido al alto coste y a la incomodidad de los dispositivos para el uso diario de los consumidores. En concreto, la RV se utiliza para la formación práctica que requiere juegos de rol y experiencias de desarrollo de habilidades, como la formación de cirujanos, pilotos, soldadores y empleados de atención al cliente.

Por ejemplo, Walmart ha utilizado cursos de RV para formar a más de un millón de empleados de primera línea. Un curso les enseña a manejar The Pickup Tower, un gran quiosco que permite a los clientes recoger sus pedidos en línea. Antes, la formación para este proceso implicaba un día entero de formación en la tienda. Sin embargo, con la implantación de la tecnología de RV, el tiempo de formación se ha reducido a solo 15 minutos sin merma alguna de la eficacia.

Por el contrario, la realidad aumentada tiene un mayor potencial de uso para consumidores y es mejor para las activaciones de marketing. La popularidad de la RA puede atribuirse, en parte, al éxito de juegos como Pokémon Go. Este juego permite a los jugadores interactuar con criaturas virtuales que parecen estar presentes en su entorno real cuando se ven a través de una aplicación móvil. Sin embargo, la verdadera ventaja de la RA sobre la RV reside en su utilización de los teléfonos móviles, que son omnipresentes, y su capacidad para permitir a los usuarios interactuar con entornos tanto físicos como digitales.

La realidad aumentada está revolucionando las demostraciones y pruebas de productos durante la fase de descubrimiento del cliente. Al permitir a los clientes experimentar virtualmente el aspecto y el funcionamiento de los productos en un entorno real antes de comprarlos, adquieren mayor confianza en su decisión. Esta tecnología es aplicable a varios sectores, desde la belleza al calzado y los muebles. Marcas como Clinique, Vans e IKEA utilizan la RA para mostrar sus productos en tres dimensiones, con completas opciones de personalización para su público objetivo.

Las ventajas de la RA y la RV se combinan a menudo en la realidad mixta (RM). Mientras que la RA superpone contenido digital al mundo físico, la RM va un paso más allá al permitir que el elemento digital interactúe con el espacio físico, lo que da lugar a una experiencia más inmersiva. La RM se sitúa entre la RA y la RV totalmente inmersiva, ofreciendo interacciones fisicodigitales más complejas que la RA, pero manteniendo el contexto del mundo real que falta en la RV (véase el gráfico 5.2).

Un ejemplo de aplicación de la RM al marketing es el anuncio del Burrito Gigante de Chipotle, emitido en directo durante un partido de los *playoffs* de la Liga Nacional de Hockey (NHL). El anuncio integraba a la perfección una pausa publicitaria con la programación en directo proyectaba contenido digital en la pantalla gigante, creando la ilusión de un Zamboni con la marca Chipotle que llevaba un burrito gigante al hielo durante la retransmisión en directo. A continuación, el anuncio demostraba la interacción entre el contenido digital superpuesto y la pista de hielo del mundo real al mostrar una mano gigante enguantada que atravesaba el hielo y agarraba el bol que aparecía en la pantalla gigante.

GRÁFICO 5.2 El espectro de las interfaces fisicodigitales

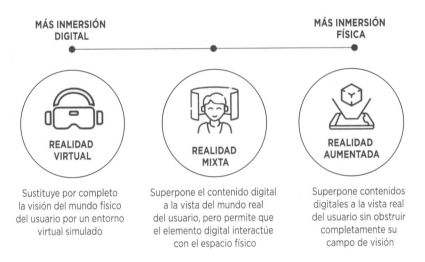

Gillette, de Procter & Gamble, realizó una activación de RM similar antes de un partido de la Liga Nacional de Fútbol Americano en el estadio Gillette. Durante la retransmisión en directo, el público pudo ver en la pantalla una enorme maquinilla de afeitar virtual construida en el centro del campo.

La interfaz tecnológica inmersiva facilita la conexión de los contenidos y mensajes digitales con el contexto del mundo real. A medida que los clientes vuelven a los eventos en directo y a los espacios físicos tras la pandemia, estas experiencias híbridas e inmersivas se han convertido en una tendencia entre los anunciantes.

5. *Blockchain* para la infraestructura

En los últimos años, la cadena de bloques (*blockchain*) se ha considerado una innovación tecnológica de primer orden que ha transformado el funcionamiento de las empresas. Muchos profesionales de la tecnología ven la cadena de bloques como el próximo cambio de juego, después de la IA. De hecho, la tecnología *blockchain* parece ser una solución natural a los problemas de privacidad que surgen del creciente uso de la IA, ya que proporciona una infraestructura segura para que los clientes interactúen con internet.

En esencia, *blockchain* es una base de datos descentralizada que registra datos cifrados en varios ordenadores en lugar de en una ubicación central. Cada ordenador de la red tiene una copia de toda la base de datos, y cualquier cambio que se haga en ella debe validarse en todos los ordenadores, lo que la hace muy segura frente a ciberataques y fraudes. Además, como todos los datos son visibles desde todos los ordenadores de la red, también aumenta la transparencia de las transacciones. Al proporcionar un sistema seguro y transparente, el *blockchain* elimina la necesidad de intermediarios para moderar y conciliar las transacciones, facilitando una relación directa entre las partes implicadas. Esto redunda en la eficiencia global y facilita el intercambio de una amplia gama de activos, incluyendo artículos virtuales y propiedades intangibles.

La tecnología *blockchain* se utiliza predominantemente como tecnología de infraestructura, y la mayoría de las aplicaciones empresariales se encuentran en el *back end*. Por ejemplo, Walmart ha implantado *blockchain* para gestionar las facturas y los pagos a terceros (socios logísticos), lo que ha dado lugar a una disminución significativa de las disputas sobre facturas, que han pasado del 70 % a menos del 1 %.

En el ámbito del marketing, la tecnología *blockchain* se utiliza para rastrear la serie de transacciones de los anunciantes a los editores de medios de comunicación e identificar áreas de ineficiencia. Toyota, por ejemplo, implementó *blockchain* para optimizar la compra de medios para la colocación de sus campañas publicitarias, lo que condujo a una reducción del 30 % al 35 % en el gasto total en publicidad.

La implantación de la tecnología *blockchain* en el *front end* sigue siendo algo polémica. La capacidad de *blockchain* para facilitar transacciones sin intermediarios ha dado lugar a conceptos innovadores como las criptomonedas y los tokens no fungibles (NFT). Una criptomoneda es una moneda digital que funciona sin autoridad central, como un gobierno o un banco. Aunque ofrece las ventajas de unas transacciones eficientes, la mayoría de las criptomonedas carecen de valor intrínseco, lo que las hace muy especulativas y volátiles.

Otro caso de uso controvertido es el NFT, que sirve como certificado digital único de propiedad de activos. Normalmente, los NFT registran la propiedad de archivos digitales como obras de arte, fotos, vídeos y audio en la *blockchain*. Estos activos pueden comercializarse y permiten al propietario original recibir regalías por la futura reventa de los activos. Sin embargo, al igual que las criptomonedas, las NFT que representan obras de arte y objetos de colección digitales son activos especulativos que a menudo se negocian a precios irracionales.

Blockchain, especialmente las criptomonedas y las NFT, es el núcleo de la experiencia metaversal inmersiva. Un metaverso es un mundo virtual simulado y envolvente que permite a los usuarios participar en diversas actividades, al igual que en el mundo físico. Puede parecer tan solo una plataforma de juego virtual para el entretenimiento, sin embargo, cuando un metaverso se apoya en la tecnología *blockchain*, opera como una economía plenamente funcional con su moneda y su sistema de comercio para intercambiar bienes virtuales. Los usuarios pueden utilizar criptomonedas para comerciar con activos digitales, como terrenos, coches y ropa del metaverso, mientras que toda la propiedad se certifica mediante NFT.

Las principales marcas ya están invirtiendo en crear una presencia en metaversos. Por ejemplo, Coca-Cola fue una de las primeras marcas en lanzar coleccionables basados en NFT en el metaverso en 2021. La empresa lanzó una colección de coleccionables basados en NFT que incluía varios artículos virtuales, como una nevera vintage, una chaqueta, un disco de audio y un conjunto de cartas de intercambio que incluían movimiento dinámico, movimiento y elementos multisensoriales. movimiento y elementos multisensoriales. Coca-Cola también pretende integrar la oferta digital con coleccionables físicos, ya que el mejor postor también recibiría la nevera física repleta de botellas de Coca-Cola.

Nike también ha ingresado al metaverso a través de Nikeland, un mundo virtual dentro de una plataforma de videojuegos que ofrece un espacio inmersivo en 3D con su sede como telón de fondo. En Nikeland, los usuarios pueden personalizar sus avatares y participar en juegos donde sus movimientos fuera del juego se traducen en movimientos dentro del juego.

Además, Nike ha lanzado .SWOOSH, una comunidad virtual y mercado impulsado por *blockchain* para creadores virtuales, donde los miembros pueden colaborar para crear productos virtuales como zapatos o camisetas, acceder a productos físicos o tener conversaciones privadas con atletas o diseñadores. Pero quizás la colaboración de Nike con RTFKT representa el paso más significativo hacia la integración de los mundos físico y digital. Ambas compañías están creando diseños virtuales que se materializarán al lanzar sus contrapartes físicas en forma de zapatos.

Vale la pena mencionar que el avance de la tecnología *blockchain* para metaversos inmersivos está en curso y muchas marcas aún están experimentando con ella. Por lo tanto, aún queda un largo camino por recorrer.

Esto es similar al desarrollo de la inteligencia artificial, que ha sido controvertido durante muchos años. Los defensores de la IA han destacado sus numerosos beneficios, mientras que los escépticos han señalado problemas de privacidad e imperfecciones. Solo con la reciente aparición de ChatGPT, la IA ha alcanzado un punto de inflexión y se ha vuelto una herramienta de uso generalizado.

Si bien el potencial a corto plazo de los metaversos impulsados por *blockchain* es incierto, no hay duda de que tienen un futuro prometedor. Las marcas que experimentan con metaversos descubren que los clientes más jóvenes están muy interesados en ellos. Los metaversos son versiones tridimensionales e inmersivas de plataformas de redes sociales para estos clientes. En consecuencia, las marcas que buscan involucrar a las generaciones más jóvenes aún adoptan metaversos con precaución.

GRÁFICO 5.3 Cinco tecnologías fundamentales para impulsar el metamarketing

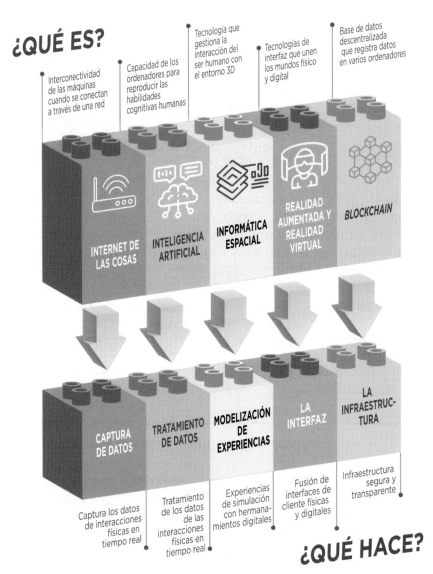

¿QUÉ ES?

Interconectividad de las máquinas cuando se conectan a través de una red

Capacidad de los ordenadores para reproducir las habilidades cognitivas humanas

Tecnología que gestiona la interacción del ser humano con el entorno 3D

Tecnologías de interfaz que unen los mundos físico y digital

Base de datos descentralizada que registra datos en varios ordenadores

INTERNET DE LAS COSAS

INTELIGENCIA ARTIFICIAL

INFORMÁTICA ESPACIAL

REALIDAD AUMENTADA Y REALIDAD VIRTUAL

BLOCKCHAIN

CAPTURA DE DATOS

TRATAMIENTO DE DATOS

MODELIZACIÓN DE EXPERIENCIAS

LA INTERFAZ

LA INFRAESTRUC-TURA

Captura los datos de interacciones físicas en tiempo real

Tratamiento de los datos de las interacciones físicas en tiempo real

Experiencias de simulación con hermana-mientos digitales

Fusión de interfaces de cliente físicas y digitales

Infraestructura segura y transparente

¿QUÉ HACE?

RESUMEN. CINCO TECNOLOGÍAS FUNDAMENTALES IMPULSAN EL AUGE DEL METAMARKETING

Existen diversos desafíos para crear experiencias inmersivas que combinen los mundos físico y digital, como la conversión de experiencias físicas en datos digitales, la transformación de experiencias virtuales en vivencias tridimensionales, y garantizar la privacidad y seguridad. Sin embargo, estos problemas pueden abordarse mediante la utilización de cinco tecnologías.

Internet de las cosas e inteligencia artificial posibilitan la captura y procesamiento de interacciones físicas en tiempo real. Además, la computación espacial y las interfaces inmersivas, como la realidad virtual y la realidad aumentada, permiten a las empresas integrar de manera fluida experiencias digitales tridimensionales con las físicas. Finalmente, la tecnología *blockchain* ofrece una infraestructura segura y transparente para brindar experiencias inmersivas a los clientes, abordando así preocupaciones de privacidad y seguridad (véase el gráfico 5.3).

PREGUNTAS DE REFLEXIÓN

- ¿Cómo utiliza actualmente su empresa las cinco tecnologías para crear experiencias inmersivas que combinen los mundos físico y digital? ¿Hay áreas en las que podría hacer más?

- ¿El uso de la tecnología *blockchain* para construir un metaverso alcanzará un punto de inflexión en los próximos años? ¿Cree que las experiencias de cliente exclusivamente virtuales en el metaverso tienen futuro en el futuro?

CAPÍTULO 6

CONSTRUIR REALIDADES AMPLIADAS
La experiencia inmersiva en la vida real

A pesar del significativo crecimiento del comercio electrónico, los canales minoristas físicos siguen dominando las ventas. De hecho, el comercio electrónico representó menos del 15 % de las ventas minoristas totales en los Estados Unidos en 2022 (Departamento de Comercio de Estados Unidos). De manera similar, en China, el mercado de comercio electrónico más grande del mundo, la participación del comercio electrónico en las ventas minoristas totales aún está por debajo del 30 % (Euromonitor).

Incluso gigantes tecnológicos como Apple y Amazon, al reconocer esta tendencia, continúan priorizando sus estrategias de tiendas físicas junto con el comercio electrónico. Apple, conocida por su enfoque centrado en la experiencia del cliente en sus productos, extiende esta filosofía a sus tiendas físicas. De hecho, Apple tiene el mérito de tener las ventas anuales más altas por pie cuadrado entre los minoristas, generando impresionantes 5500 $ en comparación con los 2900 $ de Tiffany & Co., que ocupa el segundo lugar (según el informe de CoStar).

Mientras tanto, Amazon explora y refuerza constantemente su presencia en el espacio minorista físico. La adquisición récord de Whole Foods en 2017 ejemplifica este compromiso, pues Amazon expandió la cadena a más ubicaciones y mejoró la experiencia de compra mediante la implementación de la tecnología de pago de Amazon. Además, Amazon ha experimentado con varios formatos de tiendas bajo su marca, como el enfocado en alimentos Amazon Go, el centrado en comestibles Amazon Fresh y el orientado a la moda Amazon Style. Al cerrar tiendas con bajo rendimiento y abrir nuevas en ubicaciones estratégicas, Amazon busca perfeccionar su estrategia de venta minorista física.

Apple y Amazon también han utilizado de manera extensiva los medios fuera de casa (OOH) en sus campañas de marketing para atraer clientes y fortalecer sus estrategias de tiendas minoristas. De hecho, según la Asociación de Publicidad OOH de América, estas dos empresas se encuentran entre los cinco principales anunciantes en el ámbito de OOH, que incluye vallas publicitarias, medios de tránsito y espacios al aire libre.

Las tendencias actuales sugieren que los canales físicos seguirán siendo favorables en los próximos años. Estudios recientes indican que los clientes han vuelto a comprar en tiendas físicas a medida que se alivian las restricciones de la pandemia y pueden haber experimentado fatiga digital en los últimos años. Por ejemplo, una encuesta de Mood Media encontró que el 71 % de los clientes en todo el mundo ahora compran cn ticndas físicas con la misma frecuencia o más que antes de la pandemia.

La tendencia hacia las compras físicas parece aplicarse incluso a las demografías más jóvenes. Por ejemplo, McKinsey reveló que, a pesar de comprar muchas cosas en línea, la generación Z es más propensa que la generación Y a hacer compras en tiendas físicas, en 25 categorías. Además, la investigación de A. S. Watson muestra que la generación Z prefiere comprar productos en la tienda para categorías donde la interacción social es esencial, como la industria de la belleza.

Estas estadísticas indican la continua importancia de los espacios minoristas físicos, que siguen siendo fundamentales para la mayoría de las experiencias del cliente. Como resultado, puede ser más crucial centrarse en crear entornos inmersivos en el mundo real en lugar de solo en reinos virtuales como el metaverso. Este enfoque es conocido por las generaciones más jóvenes como marketing IRL en contraste con el marketing URL. IRL significa 'en la vida real' (*in real life*), resaltando las interacciones en espacios físicos. Por otro lado, URL (localizador de recursos uniforme, un término técnico para una dirección web) se refiere a interacciones en línea a través de canales digitales.

El marketing IRL abarca una variedad de entornos donde los clientes están presentes y pasan tiempo, como tiendas minoristas, tiendas temporales, restaurantes, publicidad OOH, activaciones de marca, eventos corporativos, salas de exposición y centros de experiencias. Estos lugares ofrecen oportunidades valiosas para interacciones directas y compromisos con los clientes.

1. Reinventar el tercer lugar

El concepto de un espacio IRL ideal se remonta a finales de la década de 1980, cuando el sociólogo Ray Oldenburg acuñó el concepto tercer lugar. Se refiere a una ubicación física alejada del hogar (el primer lugar) y del lugar de trabajo (el segundo lugar) que brinda experiencias sociales. Mientras que la casa ofrece un santuario privado y la oficina proporciona un ambiente formal, el tercer lugar ofrece una atmósfera más comunitaria. Los ejemplos incluyen cafeterías, restaurantes, librerías, bares, gimnasios, centros comerciales, bibliotecas públicas y parques.

GRÁFICO 6.1 La definición del tercer lugar

El tercer lugar suele ser un espacio inclusivo accesible a visitantes habituales y nuevos de diversos orígenes socioeconómicos, ya que el costo de entrada es cero o asequible para la mayoría de las personas. Su enfoque principal es la interacción social, proporcionando un entorno donde las personas pueden conversar y establecer conexiones. Por lo tanto, el ambiente es acogedor y, a menudo, divertido (véase el gráfico 6.1). Varias marcas han adoptado con éxito el concepto del tercer lugar en las últimas décadas. Starbucks, por ejemplo, ha sido durante mucho tiempo sinónimo de la idea, ya que sus tiendas se han convertido en centros sociales donde la gente pasa el rato y socializa con amigos. La cadena ofrece sillas cómodas, música ambiental y decoraciones que hacen que la gente se quede. La cadena también fue una de las primeras en ofrecer wifi gratuito y puntos de carga, lo que permitió a los visitantes pasar más tiempo en las tiendas. Los restaurantes de comida rápida como McDonald's también se han convertido en opciones populares de tercer lugar para grupos demográficos específicos en Estados Unidos, en particular para las personas mayores y las comunidades de bajos ingresos. La comida asequible y el wifi gratuito atraen a estos grupos a McDonald's, donde pueden forjar conexiones entre sí.

Las Apple Store adoptan una filosofía de plaza moderna que se alinea con el concepto del tercer lugar. A través de ubicaciones estratégicas y hermosos diseños, Apple reutiliza sus tiendas como espacios semipúblicos, invitando a los clientes a reunirse con sus comunidades. Un elemento central de este concepto es el programa Hoy en Apple, que ofrece clases de habilidades creativas, como sesiones de fotografía o codificación, con el objetivo de unir a las personas y descubrir nuevas habilidades. Estas lecciones gratuitas pueden verse como una forma para que Apple reduzca las barreras al uso de sus productos *premium* y permita que más personas los experimenten.

Hoy en día, las generaciones más jóvenes han asignado al espacio digital un papel de tercer lugar. Dedican mucho tiempo a las redes sociales y los mundos virtuales para conectarse con familiares y nuevos amigos. Si bien pueden estar presentes físicamente en establecimientos locales como Starbucks y McDonald's, su atención está completamente inmersa en el ámbito virtual.

De hecho, tienen una perspectiva muy diferente sobre el tercer lugar, ya que están acostumbrados a trabajar desde cualquier lugar con la ayuda de tecnologías de oficina digitales. A diferencia de las generaciones anteriores, es posible que no perciban una distinción clara entre su hogar y su entorno laboral, lo que hace que la noción tradicional del tercer lugar sea menos relevante.

Sin embargo, este comportamiento genera preocupaciones sobre su bienestar. Según el índice de soledad de Cigna en Estados Unidos, la generación Z es la generación más solitaria: el 73 % reporta estar sola. Además, una encuesta realizada por Harmony Healthcare IT ha revelado estadísticas alarmantes: al 42 % de las personas de la generación Z se les ha diagnosticado problemas de salud mental y un asombroso 85 % experimenta ansiedad sobre su futuro.

La encuesta destaca además el impacto de la pandemia en esos niveles de ansiedad, ya que las restricciones y los encierros han reducido significativamente las interacciones en persona y las oportunidades de socialización. Resulta que incluso para las generaciones más jóvenes, relacionarse con otros en espacios físicos sigue siendo crucial para su felicidad.

De hecho, los humanos son seres inherentemente sociales. A pesar de los avances tecnológicos, la conexión social sigue siendo una necesidad humana esencial y atemporal. Sirve como recordatorio de que el propósito principal de una ubicación física es facilitar y fomentar las relaciones sociales. Si un lugar no cumple esta función, su valor disminuye. En consecuencia, los establecimientos minoristas que priorizan las meras transacciones corren el riesgo de verse eclipsados por la conveniencia y eficiencia del comercio electrónico. Sin embargo, es importante señalar que terceros espacios aún pueden incorporar elementos digitales. De hecho, la encuesta *Global Consumer Insights Pulse* de PwC reveló que los clientes esperan que la experiencia de compra física sea mejorada, facilitada o mediada por tecnologías digitales.

Cuando los entornos físicos se combinan con elementos digitales, nos referimos a ello como una realidad extendida. La XR es un término técnico que abarca la realidad aumentada, la realidad virtual y la realidad mixta como las tres interfaces fisicodigitales. Sin embargo, el término también puede referirse a entornos IRL que se complementan con experiencias digitales, ampliando los límites del ámbito físico.

Hay cinco enfoques para incorporar tecnologías digitales en espacios físicos y crear estas realidades extendidas, lo que resulta en una experiencia de cliente más inmersiva (véase el gráfico 6.2).

2. Transacciones fluidas

Uno de los principales desafíos asociados con los espacios físicos es el tiempo considerable que se requiere para completar las transacciones, como lo demuestran las largas colas y los procesos de pago que consumen mucho tiempo. Sin embargo, las empresas pueden abordar este problema incorporando tecnologías innovadoras que agilicen el proceso de transacción.

Por ejemplo, Amazon Go introdujo un sistema de pago inteligente que ahora está disponible para otros minoristas a través de Amazon Web Services. Una vez instalado en una tienda, este sistema identifica las identidades de los compradores y captura automáticamente su información de pago digital. Además, utiliza tecnología avanzada para reconocer los artículos que los compradores eligen de los estantes. Como resultado, a los clientes se les cobra instantáneamente por los artículos que se llevan y pueden pagar cómodamente en la tienda, recibiendo recibos digitales de sus compras.

Otro ejemplo digno de mención es el concepto de comercio sin contacto, ejemplificado por el *speed shop* de Nike en su tienda insignia en Nueva York.

Con este enfoque, los clientes reservan zapatos en línea y se les asigna un casillero designado en la tienda. Luego, usando sus teléfonos móviles, pueden desbloquear su casillero asignado, probarse los zapatos deseados y comprarlos sin tener que hacer cola. Este enfoque sigue un modelo de compra en línea y recogida en tienda (BOPIS), que ofrece a los clientes una experiencia de compra cómoda y que les ahorra tiempo. El auge del comercio electrónico ha generado una mayor expectativa de los clientes de que las transacciones deben ser convenientes y sin complicaciones. Como resultado, las transacciones a menudo se consideran el punto de contacto menos importante en el recorrido del cliente dentro de los canales físicos, y los clientes desean minimizar el tiempo dedicado a ellas. Sin embargo, irónicamente, las transacciones a menudo se convierten en el punto de contacto más doloroso, quitando tiempo valioso a las interacciones más significativas que ofrecen los espacios físicos. Por lo tanto, implementar tecnología sin fricción se convierte en un factor de higiene para mejorar la experiencia general del cliente en entornos físicos.

GRÁFICO 6.2 Llevando las tecnologías digitales al tercer lugar

TRANSACCIONES FLUIDAS
Ejemplos: caja inteligente, pago sin contacto

RECOMENDACIONES CONTEXTUALES
Ejemplos: probador virtual, lector de estados de ánimo

COMPROMISOS INTERACTIVOS
Ejemplos: expositores interactivos, gamificación en la tienda

DESCUBRIMIENTOS AUMENTADOS
Ejemplos: QR y modo app en tienda, itinerarios digitales

EXPERIENCIAS PREVIAS Y POSTERIORES
Ejemplos: integración de aplicaciones móviles

Recomendaciones contextuales

El auge de las redes sociales y el comercio electrónico ha fomentado la demanda de experiencias personalizadas. Las generaciones más jóvenes, consideradas nativas de la inteligencia artificial, se han acostumbrado a recibir contenido personalizado y sugerencias de productos que se alinean perfectamente con sus preferencias. En la actualidad, las experiencias en la tienda van retrasadas en lo que respecta a la personalización. Sin embargo, las empresas tienen la oportunidad de adoptar tecnologías digitales para lograr la personalización en la tienda. Esto implica proporcionar mensajes y ofertas personalizados a los clientes durante todo su recorrido en la tienda.

Un ejemplo de esto es el probador virtual, que han adoptado marcas de moda como Ralph Lauren y COS. Al aprovechar tecnologías como la realidad aumentada y el internet de las cosas, estos probadores pueden identificar las prendas. Los clientes traen y brindan sugerencias de estilo personalizadas. Los clientes pueden probarse virtualmente los artículos sugeridos y explorar varias opciones de colores, prendas complementarias y accesorios. Además, los clientes pueden solicitar asistencia rápidamente presionando un botón cuando sea necesario.

Otra implementación innovadora es UMOOD de Uniqlo en Australia. El dispositivo utiliza tecnología neuronal para leer las emociones de los clientes y recomendar camisetas según su estado de ánimo. Los clientes usan unos neuroauriculares que analizan sus ondas cerebrales mientras observan diferentes estímulos. Luego, un algoritmo personalizado analiza sus respuestas neurológicas para determinar su estado de ánimo actual y sugerir la camiseta ideal.

La implementación de experiencias personalizadas en la tienda puede actuar como una fuerte diferenciación en industrias cada vez más mercantilizadas, como la indumentaria. En estas industrias, los productos a menudo enfrentan imitaciones y recortes de precios. Las empresas pueden evitar de forma eficaz esta mercantilización aprovechando la personalización, especialmente cuando está respaldada por los datos de los clientes.

Además, la personalización es esencial en categorías de productos que presentan a los clientes una abrumadora variedad de opciones, lo que hace que sea difícil encontrar el producto adecuado en la tienda sin asistencia tecnológica. En un mundo con sobrecarga de contenido, la capacidad de interactuar directamente con los clientes y ofrecer recomendaciones personalizadas se vuelve cada vez más valiosa.

Compromisos interactivos

Con el uso generalizado de los *smartphones*, las personas se han acostumbrado a navegar por interfaces digitales mediante gestos táctiles y de deslizamiento. Además, a medida que los productos y servicios digitales han ido ganando popularidad a través de las aplicaciones móviles, la interacción con las pantallas se ha convertido en algo natural para la mayoría de las personas.

Los espacios físicos también pueden adoptar la interactividad al ofrecer interfaces de usuario y experiencias que aprovechan la familiaridad de las personas con los medios de pantalla digitales. Bloomingdale's, por ejemplo, probó escaparates interactivos para la promoción de Ralph Lauren con grandes pantallas táctiles. Los transeúntes podrían interactuar con las pantallas y cambiar las imágenes de los productos mostrados. Además, podrían utilizar una aplicación móvil interactiva para comprar artículos seleccionados.

Timberland también exploró un enfoque similar, pero con una ligera variación, utilizando gestos con las manos para navegar a través de la interfaz digital. Esto permite a los transeúntes utilizar la función de prueba sin contacto para cada producto dentro de la tienda sin entrar, lo que en última instancia atrae más tráfico peatonal.

Los minoristas también pueden aprovechar su familiaridad con las aplicaciones móviles para crear experiencias interactivas. Las aplicaciones móviles son herramientas prácticas para implementar estrategias de gamificación. Un buen ejemplo es la tienda de Burberry en Shenzhen, que colaboró con la popular aplicación de mensajería china WeChat para introducir la gamificación en la tienda. Los clientes que son miembros del programa de fidelización de la tienda pueden acumular «moneda social» mientras exploran e interactúan con las exhibiciones de la tienda. Estos puntos acumulados se pueden canjear por recompensas exclusivas, incluidos avatares mejorados, acceso a un menú de cena secreto, eventos VIP y entrada a una sala oculta.

A medida que los clientes ahora pasan mucho tiempo frente a las pantallas y anhelan la interactividad, sus hábitos de compra han pasado de explorar estantes físicos a desplazarse por páginas digitales. Para competir con los sitios web de comercio electrónico, los espacios físicos deben adoptar interfaces de usuario y experiencias similares a las que los clientes están acostumbrados.

Descubrimientos aumentados

Siendo pragmáticos, las generaciones más jóvenes evalúan cuidadosamente los productos y los comparan con alternativas antes de tomar decisiones de compra. El surgimiento del comercio electrónico ha simplificado este proceso al ofrecer un acceso conveniente a detalles completos del producto, reseñas de clientes y comparaciones de precios. Acceder a dicha información es más fácil que buscar ayuda del personal de la tienda, lo que otorga al comercio electrónico una ventaja sobre las tiendas físicas. Además, información como las opiniones de los clientes se considera más confiable que los argumentos de venta hechos por los empleados de las tiendas. Como resultado, los clientes suelen adoptar el enfoque de *showrooming*, utilizan sus teléfonos inteligentes para buscar productos mientras están en la tienda. Debido a su conveniencia, los clientes pueden comprar el producto en línea (en lugar de en la tienda) poco después de realizar su investigación, creando una oportunidad perdida para la tienda.

Ahora es posible incorporar el descubrimiento de información en la experiencia en la tienda para abordar estos problemas. Un enfoque implica la utilización de aplicaciones móviles con modos en la tienda. Estas aplicaciones permiten a los clientes escanear códigos QR junto a cada producto. Al hacerlo, los clientes obtienen acceso a información completa sobre los productos, similar a la experiencia de compra en línea. Además, los clientes pueden ver los productos con promociones exclusivas de la tienda en la aplicación móvil del minorista, lo que les impide comprar el producto en plataformas de comercio electrónico. Los minoristas que utilizan este enfoque incluyen Best Buy y Home Depot.

Al aprovechar la información detallada del producto disponible a través de la aplicación, estos minoristas también pueden sugerir estratégicamente artículos o accesorios complementarios que vayan de la mano con el producto escaneado. Por ejemplo, a un cliente que escanea un televisor se le pueden presentar recomendaciones para sistemas de sonido, soportes de pared o dispositivos de transmisión. Esta estrategia de comercialización cruzada aumenta las posibilidades de ventas adicionales y ayuda a los clientes a descubrir y comprar cómodamente todos los componentes necesarios en un solo viaje de compras.

Otro enfoque de la herramienta de descubrimiento en la tienda es la orientación digital, implementada por grandes minoristas como Home Depot y Lowe's. Estos minoristas utilizan sistemas de orientación de tiendas habilitados por RA que proporcionan mapas de las tiendas y guían a los clientes a secciones específicas donde pueden encontrar el producto que están buscando.

Además, algunas aplicaciones incorporan la función de búsqueda visual de productos. Con esta función, los consumidores pueden simplemente tomar una fotografía de un producto que les interesa y la aplicación busca instantáneamente en el catálogo de productos y dirige a los clientes al producto exacto o similar. Estos enfoques ayudan a que la experiencia en la tienda sea más adecuada para las generaciones más jóvenes y permiten a las empresas cerrar la brecha entre los ámbitos físico y digital.

Pre y posexperiencia

El último aspecto por considerar al mejorar el espacio físico a través de la tecnología es garantizar su perfecta integración con el estilo de vida digital de las personas, incluso cuando están fuera del entorno físico. Las empresas deben anticipar proactivamente las experiencias de los visitantes antes de que entren en las instalaciones y extender la interacción mucho después de que se hayan ido. Al hacerlo, las empresas pueden mantener la participación del cliente a lo largo del tiempo.

Un enfoque práctico es integrar la experiencia fisicodigital con aplicaciones móviles, ya que sirven como una herramienta ubicua que acompaña a los clientes dentro y fuera del espacio físico. Se pueden incorporar varias funciones digitales que se encuentran en la tienda a una aplicación móvil, lo que permite a los clientes replicar la experiencia dondequiera que vayan.

Nike, por ejemplo, ha experimentado con Nike Live, un concepto de tienda exclusivo para miembros que sitúa la aplicación móvil en el centro de la experiencia de la tienda. La tienda anima a los usuarios a utilizar la aplicación móvil para acceder a colecciones especiales y participar en la comunidad en la tienda. Además, la aplicación recopila datos valiosos de los clientes, lo que permite a Nike personalizar sus ofertas de productos y actividades en la tienda. Por ejemplo, Nike ajusta su mercancía cada dos semanas para alinearse con las preferencias cambiantes del vecindario circundante. Este énfasis en las comunidades locales y la participación de los miembros encarna la esencia del concepto de tercer lugar.

A medida que las generaciones Z y alfa adoptan el estilo de vida fisicodigital (phygital), conectar experiencias en ambos ámbitos se vuelve imperativo. Este enfoque atiende a las preferencias de compra de estas generaciones jóvenes y al mismo tiempo los alienta a mantener interacciones en persona, que son beneficiosas para su bienestar general.

3. Diseño de terceros lugares inmersivos

Al crear un espacio IRL, es crucial considerar el tema central porque cada elemento de diseño transmite un mensaje. Tomemos, por ejemplo, los vibrantes tonos amarillos y rojos de los restaurantes McDonald's, que simbolizan la felicidad y un apetito creciente. Por el contrario, los paneles de vidrio transparente del piso al techo de la Apple Store personifican una estética elegante y minimalista. Cuando estos elementos se combinan, crean una impresión general que influye en las percepciones hacia el propietario del espacio.

Por lo tanto, a través de un diseño espacial específico, las marcas pueden transmitir su posicionamiento y valores de marca. Para las empresas que se esfuerzan por crear terceros espacios excepcionales, es fundamental gestionar y orquestar hábilmente estos elementos para garantizar una narrativa de marca coherente y cohesiva. En esencia, el diseño del espacio es una excelente vía para contar historias y actúa en cierto modo como una publicidad sutil.

Cada elemento de un espacio físico es también un estímulo que desencadena una respuesta. Cuando los visitantes ingresan a un área, sus mentes procesan estos múltiples estímulos casi simultáneamente. Como resultado, evocará ciertas emociones, como alegría, excitación o relajación. Estas emociones preparan a los visitantes para puntos de contacto interactivos posteriores. Por ejemplo, un ambiente menos intimidante combinado con señales de credibilidad médica en un entorno hospitalario puede aliviar el miedo del paciente.

Lo más importante es que estos estímulos influyen en el comportamiento del cliente a lo largo de su recorrido, desde atraer a las personas para que entren en una tienda hasta explorar productos y, en última instancia, realizar compras. Además, diferentes disposiciones espaciales provocan distintos impactos en el comportamiento. Los asientos cómodos combinados con música relajante de cafetería, por ejemplo, invitan a las personas a quedarse más tiempo, mientras que los asientos limitados y los escritorios de pie acompañados de música alegre desalientan la permanencia.

Cada elemento dentro del entorno físico cumple múltiples objetivos, incluidos aspectos funcionales y artísticos. Una zona de asientos tiene una función clara, pero el tipo de asientos elegidos puede impactar significativamente el tono general del espacio y provocar diferentes respuestas. Un sofá de cuero crea una sensación de lujo, mientras que los taburetes contribuyen a crear un ambiente informal. Asimismo, una mesa larga con seis sillas fomenta un sentido de comunidad y unión, mientras que una sola mesa y una silla son más atractivas para las personas que buscan soledad.

GRÁFICO 6.3 Componentes de una experiencia en tiempo real

En esencia, un espacio físico consta de tres componentes esenciales que narran una historia de manera colaborativa, evocan emociones e influyen en el comportamiento. Son evidencia física, procesos y personas. Cuando se orquestan de manera efectiva, estos elementos convergen para crear una experiencia inmersiva en la vida real que deja una impresión duradera y tiene un impacto comercial significativo (véase el gráfico 6.3).

Pruebas físicas

Las pruebas físicas abarcan señales tangibles que definen el espacio, siendo el aspecto más destacado el diseño del mismo. Por ejemplo, una tienda IKEA se caracteriza por salas de exhibición que replican diversas secciones del hogar, como salas de estar, espacios de trabajo, cocinas, dormitorios y áreas de comedor. El diseño se organiza cuidadosamente para guiar a los clientes a lo largo de un camino predefinido, asegurando que recorran todas estas secciones.

La experiencia suele concluir en la sala de mercado, donde IKEA ofrece accesorios, y la zona de autoservicio, donde los clientes pueden obtener los productos que han visto en las salas de exhibición. Además, la tienda proporciona un espacio comunal en forma de restaurante y café.

Las pruebas físicas también incluyen elementos multisensoriales que complementan el diseño visual. La música de fondo y los aromas ambientales son ejemplos comunes. Por ejemplo, Starbucks es conocido por curar sus listas de reproducción en varios géneros, desde melodías de cafetería hasta hiphop veraniego animado. La marca también promueve un aroma característico a café, crucial para definir su experiencia en la tienda.

Además, las pruebas físicas incluyen otros tangibles de apoyo como uniformes de empleados, productos de marca y tarjetas de presentación. Estos elementos tangibles transmiten señales claras a los clientes sobre el propósito del espacio y, lo que es más importante, la esencia de la marca. Por lo tanto, es crucial que las marcas seleccionen cuidadosamente pruebas físicas que representen de manera efectiva lo que representan.

Proceso

En un entorno de experiencia física para el cliente, hay dos tipos de procesos. El primero son los procesos orientados al cliente, que son visibles y experimentados directamente por los clientes. Estos procesos suelen reflejar el recorrido del cliente, abarcando los diversos puntos de contacto dentro del espacio.

Por ejemplo, en una experiencia típica en una tienda de Starbucks, los clientes hacen cola, hacen pedidos, realizan pagos y reciben bebidas. Algunos clientes incluso disfrutan observando cómo se prepara su bebida por el barista debido a la zona abierta de preparación.

Por otro lado, algunos procesos ocurren tras bastidores, fuera de la vista de los clientes pero esenciales para brindar la experiencia deseada al cliente. Por ejemplo, los miembros del personal preparan inventarios de café, aseguran que el equipo esté en orden y configuran el sistema de punto de venta (POS) cada mañana antes de que la tienda abra sus puertas a los clientes. Ambos tipos de procesos son componentes vitales de la experiencia del cliente. El fallo en un solo paso puede tener un efecto dominó en las etapas posteriores del recorrido del cliente. Para diseñar procesos efectivos, las empresas deben estudiar cómo los clientes navegan por el espacio e interactúan con sus elementos.

Mientras que las pruebas físicas pueden considerarse como los accesorios que definen el espacio, el proceso impulsa la operación general del espacio. Proporciona claridad y coordinación sobre cómo los clientes interactúan con otros elementos dentro del espacio, incluyendo pruebas físicas y el componente final: las personas.

Personas

El componente más crucial son las personas, que distinguen una experiencia en la vida real de una experiencia en línea. Este elemento es la razón por la cual un espacio virtual nunca puede replicar completamente un tercer lugar ideal y por qué el comercio electrónico enfrenta desafíos al reemplazar las ventas en persona.

El papel de las personas varía según el nivel de participación. En escenarios de alta participación, las interacciones con las personas se convierten en el aspecto más significativo de la experiencia del cliente (consulte el capítulo 4 para el espectro de experiencia humana). Sin embargo, incluso en escenarios de baja participación donde los clientes no anticipan interacciones directas con el personal de la empresa, el componente de las personas sigue siendo esencial, especialmente cuando se trata de resolver problemas durante situaciones como el manejo de quejas.

El componente de las personas presenta el mayor desafío y, en consecuencia, se ha convertido en un diferenciador significativo difícil de replicar. Para alinearse con las pruebas físicas y los procesos, las empresas deben reclutar individuos con personalidades que armonicen con los otros dos elementos. Por ejemplo, un espacio minimalista con procesos simplificados requiere individuos ágiles y hábiles solucionadores de problemas. En algunos casos, encontrar una coincidencia exacta para la personalidad deseada puede ser una tarea desafiante, lo que requiere que las empresas inviertan en la capacitación de su personal con el tiempo para lograr el objetivo deseado. Las habilidades necesarias a menudo incluyen experiencia técnica, como conocimiento del producto, y habilidades interpersonales, como brindar un servicio personalizado.

El personal de la tripulación de cabina de una aerolínea ejemplifica esto, con un asistente de vuelo que suele atender a alrededor de cincuenta pasajeros en el espacio minimalista de una aeronave. Son solucionadores de problemas personales, que abordan situaciones como requisitos dietéticos no anticipados al encontrar alternativas adecuadas a bordo. Su experiencia también se pone a prueba con escenarios inesperados como emergencias médicas o turbulencias. Las habilidades y experiencia de la tripulación de cabina pueden diferenciar la experiencia general de la aerolínea. Por ejemplo, Singapore Airlines y su renombrada tripulación de cabina Singapore Girl mejoran la experiencia del cliente con hospitalidad asiática, ganando consistentemente premios a la mejor tripulación de cabina.

Con una gestión efectiva, las personas pueden sincronizarse con las pruebas físicas y los procesos para ofrecer una experiencia narrativa cohesiva a los clientes. El Singapore Girl sirve como un ejemplo destacado, donde los asistentes de vuelo desempeñan un papel fundamental en definir la marca, quizás incluso más que las aeronaves modernas y el eficiente proceso de reserva.

RESUMEN. LA EXPERIENCIA INMERSIVA EN LA VIDA REAL

A pesar del crecimiento del comercio electrónico, los canales de venta físicos siguen siendo fundamentales para la experiencia general del cliente. Por lo tanto, se vuelve cada vez más crucial priorizar la creación de entornos inmersivos en el mundo real en lugar de centrarse en reinos virtuales como el metaverso. El concepto de un espacio físico ideal está estrechamente vinculado a la noción del tercer lugar, que se refiere a un lugar físico separado del hogar y el trabajo que ofrece experiencias sociales.

Para mejorar aún más la experiencia del cliente, es esencial integrar tecnologías digitales en los espacios físicos y establecer estas realidades extendidas. Las empresas deben incorporar características digitales dentro de las tiendas físicas, como transacciones sin problemas, recomendaciones contextuales, participación interactiva, descubrimientos aumentados y experiencias extendidas. Al hacerlo, las empresas pueden crear una experiencia más inmersiva para el cliente en la vida real.

PREGUNTAS DE REFLEXIÓN

- ¿Vende sus productos y servicios en establecimientos físicos? Revise las pruebas físicas, el proceso y las personas y evalúe si ha creado una historia de marca coherente.

- ¿Qué ideas tiene para integrar las tecnologías digitales en las ubicaciones físicas y hacerlas más envolventes?

CAPÍTULO 7

ADENTRÁNDOSE EN EL METAVERSO

La forma futura de plataformas
de redes sociales

La actual estructura de las redes sociales surgió a principios de la década de 2000 y ganó impulso a medida que internet, las computadoras personales y los teléfonos inteligentes se volvieron ampliamente prevalentes. Desde entonces, las redes sociales se han convertido en un pilar de la segunda iteración de internet, o Web2.

Web2 representa una evolución crucial de internet, permitiendo la economía de plataformas. A diferencia de la era Web1, donde los usuarios solo podían consumir contenido, Web2 permite a los usuarios producir y compartir contenido a través de las redes sociales. Esto marcó el surgimiento del contenido generado por el usuario en internet.

A lo largo del auge de Web2, hemos sido testigos del ascenso y declive de varias redes sociales, incluyendo Friendster, Myspace y Google+. Durante este período, hemos visto la evolución de cómo funcionan las redes sociales como plataformas. Las redes sociales prominentes hoy en día, como Facebook e Instagram (ambas son parte de Meta), TikTok y X, permiten a los usuarios conectarse y generar y distribuir contenido multimedia. Normalmente generan ingresos proporcionando una plataforma para que los anunciantes comercialicen productos y servicios.

En los últimos veinte años, las redes sociales han experimentado cambios importantes, dando lugar a desafíos actuales. Inicialmente concebidas para que amigos y conocidos se conectaran, las redes sociales han evolucionado hacia una forma alternativa de medios de comunicación masiva que alcanza a una audiencia igualmente grande. El crecimiento de la base de usuarios ha contribuido en parte a este cambio, junto con los intentos de las plataformas sociales de cumplir con las demandas de los grandes anunciantes para dirigirse a una audiencia amplia y mejorar el alcance. A diferencia de los medios de comunicación tradicionales, las grandes plataformas de redes sociales tienen acceso a cantidades ingentes de datos personales, que van más allá de la ubicación y los datos demográficos para incluir los intereses y comportamientos de los usuarios, lo que permite a las plataformas crear perfiles de usuario detallados. Estos datos son muy valiosos para los anunciantes, que pueden personalizarlos con precisión, pero también plantean problemas de protección de datos y privacidad.

Muchos usuarios de redes sociales protegen su intimidad utilizando seudónimos y no compartiendo fotos reales en sus perfiles. El anonimato permitido en las redes sociales depende en gran medida de la plataforma. Algunas plataformas, como Facebook, exigen que los usuarios se identifiquen con su nombre real. A pesar de ello, Facebook ha tenido que cerrar miles de millones de cuentas falsas a lo largo de los años.

Aunque el anonimato puede proteger a algunos usuarios de problemas de privacidad, también puede acarrear consecuencias negativas. A diferencia de los medios de comunicación tradicionales, el contenido de las redes sociales no está moderado, ya que los creadores de contenidos son libres de publicar lo que quieran para generar interés. Sin embargo, esta falta de responsabilidad puede dar lugar a tácticas abusivas como la difusión de noticias falsas, la desinformación, el ciberacoso y la incitación al odio. El metaverso, considerado el símbolo de la Web3 o la próxima iteración de internet, parece ser el siguiente paso lógico para la evolución de las redes sociales y potencialmente puede resolver algunos de sus problemas. Según una encuesta realizada por Accenture, la mayoría de los usuarios desean que el metaverso ofrezca un entorno más seguro que las redes sociales. Sin embargo, en el estado actual, el 55 % de los encuestados creía que el nivel de seguridad sería indiferente, y solo el 22 % pensaba que el metaverso era mejor que los medios sociales. Es innegable que el metaverso sigue evolucionando hacia su estado ideal. Según un estudio realizado por el Pew Research Center y el Imagining the Internet Center de la Universidad de Elon, el 54 % de los expertos en tecnología prevén que el metaverso será mucho más refinado en 2040 e influirá en el estilo de vida de más de 500 millones de personas en todo el mundo.

Además de ofrecer una experiencia más envolvente que las redes sociales, los metaversos tienen el potencial de proporcionar mayor seguridad y privacidad, principalmente a través de la tecnología *blockchain*. Con *blockchain*, los usuarios pueden tener un mayor control sobre sus datos y disfrutar de una mayor seguridad. Sin embargo, sigue siendo incierto cómo el metaverso abordará de manera eficaz el reto de moderar los contenidos nocivos.

1. ¿Qué es el metaverso?

El concepto del metaverso aún es relativamente nuevo en el mundo empresarial. Ganó una atención significativa entre 2021 y 2022, en parte debido al cambio de nombre de Facebook a Meta, un esfuerzo de la principal plataforma de redes sociales para mantener una ventaja competitiva en el paisaje cambiante.

Desde entonces, numerosos estudios han proyectado un futuro prometedor para el metaverso, con Gartner pronosticando que uno de cada cuatro personas en todo el mundo pasará al menos una hora al día en un metaverso para diversas actividades para el 2026. De manera similar, McKinsey estima que el metaverso podría generar hasta 5 billones de dólares en valor para el 2030. Mientras las empresas se enfrentan al concepto del metaverso, muchas exploran su potencial y cómo puede beneficiar efectivamente sus operaciones.

Aunque 2021 se considera ampliamente como el comienzo del auge del metaverso, la idea fue acuñada en la novela de ciencia ficción *Snow Crash* de Neal Stephenson en 1992. La novela representa el metaverso como un mundo virtual donde los usuarios pueden habitar avatares y escapar de una realidad distópica. El metaverso también se retrata visualmente en la película *Ready Player One* de Steven Spielberg en 2018, que se basa en una novela del mismo nombre escrita por Ernest Cline. La película está ambientada en el 2045, cuando una parte significativa de la humanidad utiliza OASIS, una simulación de realidad virtual, para escapar del mundo real.

El metaverso tiene raíces en la industria de los videojuegos. Las primeras representaciones de un metaverso se pueden ver en juegos como SimCity (lanzado por primera vez en 1989) o Second Life (lanzado por primera vez en 2003). Hoy en día, prácticamente todas las plataformas de metaverso disponibles, incluyendo Roblox, Fortnite, The Sandbox y Decentraland, son principalmente plataformas de juegos con la capacidad de crear mundos dentro del juego como uno de sus modos clave.

El origen del prefijo *meta-* es griego y denota algo que va más allá o supera. Por lo tanto, el consenso actual es que el metaverso se refiere a un reino virtual que trasciende las limitaciones del mundo físico. Sin embargo, también se puede ver como un reino digital que imita de cerca el mundo físico, incluidas las interacciones entre réplicas digitales de humanos y objetos, lo que puede ser un medio alternativo para que los especialistas en marketing interactúen con los clientes.

El metaverso también se construye sobre la idca dc Web3, acuñada en 2014 por el cofundador de Ethereum, Gavin Wood. Postuló Web3 como la siguiente iteración de internet después de Web1 y Web2. Web1 se refiere a la etapa inicial del desarrollo de internet (1989-2004), donde los usuarios solo consumían contenido sin tener la oportunidad de ser creadores de contenido ellos mismos. Nos gusta llamarla la era centrada en el producto de internet.

Esto cambió en 2004 cuando internet fue reintroducido como una plataforma para que los usuarios produzcan y compartan contenido. El inicio de esta era Web2 se marcó con el surgimiento de empresas de plataformas como Facebook (ahora Meta), Google y Amazon, cada una representando las plataformas de redes sociales, motores de búsqueda y plataformas de comercio electrónico. Es la versión centrada en el cliente de internet.

La transición de Web1 a Web2 se trata del empoderamiento del usuario, el objetivo principal del desarrollo de internet que Web3 busca continuar (véase el gráfico 7.1). Los partidarios de Web3

argumentan que en Web2, a pesar de que los usuarios son creadores activos, la mayoría del contenido seguirá siendo propiedad y
controlado por las empresas de plataformas. En cambio, imaginan
un futuro de internet descentralizado sin intermediarios, donde
los creadores de contenido y los clientes están conectados directa y
seguramente a través de la cadena de bloques. Como resultado, los
usuarios pueden crear, poseer e incluso vender contenido y activos
digitales y tener un mejor control sobre sus datos. También reduce
las ineficiencias inherentes en la economía actual de plataformas.
Esta es la versión centrada en el ser humano de internet.

GRÁFICO 7.1 La evolución de internet

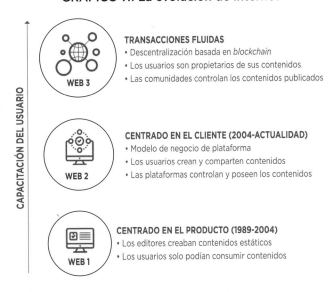

Actualmente, existen dos tipos de metaversos (véase el gráfico
7.2). El primero es el metaverso descentralizado, que incluye plataformas como The Sandbox, Decentraland, Axie Infinity y Upland. El
segundo tipo es el metaverso centralizado, que consta de plataformas
como Roblox, Fortnite, Minecraft, Second Life y Horizon Worlds. La
distinción entre estos tipos se basa en la estructura de gobernanza
del metaverso. Los metaversos descentralizados son gobernados por
una comunidad de usuarios, mientras que los metaversos centralizados son gobernados por una única entidad, lo normal es que sea la
empresa que los desarrolla.

GRÁFICO 7.2 Los dos tipos de metaverso

METAVERSO DESCENTRALIZADO
• Gobernado por una comunidad de usuarios en una organización autónoma descentralizada (DAO)
• Impulsado por la tecnología *blockchain*
• Ejemplos: The Sandbox, Decentraland, Axie Infinity y Upland

METAVERSO CENTRALIZADO
• Gobernado por una única entidad, normalmente las empresas de plataformas
• Impulsado por plataformas
• Ejemplos: Roblox, Fortnite, Minecraft, Second Life y Horizon Worlds

Los metaversos descentralizados suelen considerarse el epítome de Web3, que se define como una versión descentralizada de internet en la que el poder no recae únicamente en las grandes empresas de plataformas, sino que se distribuye entre la comunidad de usuarios. Por tanto, el tipo descentralizado puede clasificarse como metaverso Web3, mientras que el centralizado puede considerarse metaverso Web2. Hacia finales de 2022, los metaversos descentralizados experimentaron un declive en su popularidad tras un auge inicial a principios de año. a principios de año. Axie Infinity, por ejemplo, tenía 400 000 usuarios activos diarios a finales de 2022, frente a los dos millones de principios de año. Esto se debió en parte a las caídas de las criptomonedas y los tokens no fungibles (NFT) ese mismo año, que suscitaron dudas sobre la tecnología *blockchain* descentralizada.

A pesar de este declive, los metaversos descentralizados han introducido innovaciones frescas, aunque todavía controvertidas, en la industria del juego a través de la tecnología *blockchain*. Un ejemplo es el modelo jugar para ganar de Axie Infinity, en el que los jugadores pueden comprar NFT de monstruos virtuales y luchar contra ellos. Los ganadores son recompensados con criptomonedas que pueden canjear por dinero.

Otra innovación notable en el metaverso descentralizado es la economía de los creadores, impulsada por criptomonedas y certificados NFT. En plataformas como Decentraland, los usuarios pueden comprar y vender terrenos virtuales, mientras que en The Sandbox pueden crear juegos y cobrar a otros usuarios por jugar a ellos. Estas innovaciones ofrecen a los creadores nuevas formas de rentabilizar su trabajo y a los usuarios de participar en la economía metaversal.

Los metaversos centralizados se han mostrado resistentes, en contraste con la decreciente popularidad de sus homólogos descentralizados. Por ejemplo, las estadísticas más recientes muestran que Roblox, Minecraft y Fortnite tienen 214 millones, 178 millones y 80 millones de usuarios activos mensuales, respectivamente.

Además, según Metaversed (una empresa consultora de metaversos), la edad media de los usuarios de estos metaversos centralizados es de 12-13 años, y más del 83 % tiene menos de 18 años. Esto también aclara en parte por qué los metaversos descentralizados son menos populares que los centralizados, ya que la edad mínima legal para establecer una cartera de criptomoneda es de 18 años. Sin embargo, a medida que estos nativos del metaverso se hacen mayores y estas plataformas mejoran, pueden cambiar hacia opciones descentralizadas.

Esencialmente, el metaverso es el formato de redes sociales preferido por la generación alfa y la subgeneración más joven de la generación Z. Esto explica por qué muchas marcas de todas las categorías, desde entretenimiento, moda, alimentación y bebidas y deportes hasta servicios financieros, están aprovechando el metaverso para dirigirse a este segmento de jóvenes con sus ofertas.

Por ejemplo, los MTV Vídeo Music Awards de 2022 incluyeron la categoría de Mejor Actuación Metaversal con nominados que actuaron en conciertos de Roblox y Fortnite. Las marcas de calzado están aprovechando la experiencia del metaverso ofreciendo inventarios virtuales de calzado como opciones de personalización para los avatares de los usuarios. Los zapatos virtuales de Puma están disponibles en Meta, mientras que los Crocs pueden encontrarse en Minecraft. Fidelity, una empresa de servicios financieros, también está educando a los jóvenes sobre la inversión a través de un juego en Roblox y Decentraland.

2. Componentes esenciales de un metaverso

Un metaverso en pleno funcionamiento tiene cinco componentes esenciales (véase el gráfico 7.3). En primer lugar, todo metaverso tiene activos virtuales, que incluyen un entorno virtual y objetos virtuales. En segundo lugar, los avatares sirven como representaciones digitales de los usuarios dentro del metaverso, permitiéndoles participar en diversas experiencias. En tercer lugar, la experiencia del usuario dentro del metaverso determina cómo interactúan los activos virtuales y los avatares.

GRÁFICO 7.3 Los componentes esenciales del metaverso

En cuarto lugar, es necesaria una economía de creadores para que los usuarios puedan crear, comprar y vender activos digitales. Por último, todo metaverso debe contar con una estructura de gobierno que establezca normas y supervise el desarrollo de los distintos aspectos del metaverso.

Activos virtuales

Lo que hace que el metaverso sea inmersivo es que está construido sobre entornos virtuales. Suelen ser lugares tridimensionales, desde mundos de juego que abarcan toda la plataforma hasta espacios sociales y mercados virtuales. Pueden considerarse equivalentes virtuales de espacios físicos de venta al por menor, centros de experiencia del cliente o lugares de activación de marca.

Las marcas reconocen el potencial del metaverso como espacio en el que los clientes más jóvenes pasarán mucho tiempo, por lo que invierten en crear entornos virtuales. Por ejemplo, PwC Hong Kong y Adidas han adquirido una parcela en The Sandbox. Otras marcas van más allá y crean submundos dentro de plataformas metaversales más grandes, como Nikeland y Walmart Land en Roblox o Wendyverse en Horizon Worlds.

Sin embargo, las tiendas virtuales son posiblemente los activos más valiosos para las marcas y los vendedores en el metaverso, ya que reflejan las estrategias que las empresas han estado empleando en el mundo físico para mejorar la experiencia del cliente y aumentar las ventas. Algunos ejemplos notables son Gucci Vault, una tienda conceptual de gama alta en The Sandbox, y Samsung 837X en Decentraland, un espacio inmersivo inspirado en la tienda insignia de la marca en Nueva York.

Estas tiendas virtuales representan la convergencia del metaverso y el comercio minorista, ofreciendo una forma más inmersiva para que las marcas muestren y vendan sus productos en línea, en comparación con los típicos sitios web de comercio electrónico bidimensionales. Los clientes pueden recorrer pasillos de tiendas virtuales en 3D y descubrir productos como en una tienda física.

El metaverso también ofrece un emocionante potencial para que los especialistas en marketing innoven en sus activaciones de marca, desde conciertos virtuales hasta desfiles de moda visuales, y así atraer a demografías más jóvenes. La activación de Hyundai en Roblox es una excelente ilustración de esto. El fabricante de automóviles lanzó una activación de marca en el metaverso llamada Hyundai Mobility Adventure, que muestra espacios virtuales como Festival Square, Future Mobility City, Eco-Forest, Racing Park y Smart Tech Campus.

El metaverso ofrece más que solo espacios virtuales; también presenta productos virtuales coleccionables que los usuarios pueden comprar, poseer e incluso revender. Esto es especialmente posible en metaversos descentralizados, donde los activos digitales pueden tokenizarse o registrarse en la cadena de bloques como NFT. Esto brinda una oportunidad única para que las marcas creen réplicas digitales de sus productos reales, que los usuarios del metaverso pueden incorporar en sus experiencias virtuales, desde zapatillas virtuales hasta autos deportivos virtuales.

Avatares

En la era de internet, las identidades digitales se han establecido de manera considerable, con usuarios que utilizan con frecuencia nombres de usuario relativamente estáticos y fotos de perfil para representarse en varias plataformas como redes sociales y aplicaciones de mensajería.

Las redes sociales han permitido a los usuarios hacer que sus identidades en línea sean más dinámicas al actualizarlas con frecuencia a través de actualizaciones de estado y publicaciones personales, ofreciendo una forma de mostrar sus personalidades y estilos en evolución. El concepto de identidades digitales ha alcanzado un nuevo nivel con la llegada del metaverso, donde los usuarios establecen su persona digital a través de lo que se conoce como un avatar.

Un avatar es una representación visual de un usuario que sirve como su identidad dentro del mundo virtual. Piensa en ellos como los habitantes del metaverso que los usuarios pueden controlar. Les permite a los usuarios navegar por el entorno virtual, interactuar con otros usuarios y utilizar activos digitales.

Los usuarios pueden personalizar sus avatares para representar sus rasgos faciales y físicos preferidos, así como sus elecciones de maquillaje, ropa y accesorios. Este nivel de personalización empodera a los usuarios para expresarse y profundizar la inmersión mientras juegan en el metaverso.

También presenta oportunidades para que las grandes marcas y diseñadores independientes creen opciones de personalización. Por ejemplo, Maybelline y L'Oréal Professionnel han colaborado con la plataforma de creación de avatares Ready Player Me para ofrecer a los usuarios una selección de cinco estilos de maquillaje y peinados modernos dentro del metaverso. Marcas de moda como Nike y Gucci también han establecido la personalización de atuendos en el metaverso.

Además de servir como manifestación de los usuarios en el metaverso, los avatares también pueden desempeñar el papel de *influencers* virtuales. Por ejemplo, Maisie Williams, una actriz que recientemente se convirtió en embajadora global de sostenibilidad de H&M, ha sido transformada en un avatar digital e interactuará con los compradores en el mundo virtual y real. De manera similar, la *startup* Genies ha lanzado la Avatar Agency, que crea versiones digitales de sus clientes famosos, incluyendo a DJ Khaled y Marshmello, e identifica oportunidades de embajadores de marca para ellos.

El rápido avance de la inteligencia artificial ha hecho posible que los avatares de *influencers* virtuales incluso sean personajes ficticios, como se demuestra con el éxito de FN Meka, un rapero virtual estadounidense con más de mil millones de vistas en TikTok, y Lu do Magalu, el *influencer* virtual más popular con más de 30 millones de seguidores en varias plataformas de redes sociales. Tanto en el metaverso como en el mundo real, las marcas pueden integrar a los *influencers* virtuales en sus estrategias de marketing y aprovechar su gran base de fanáticos.

Experiencia del usuario

El nivel de inmersión en el metaverso depende en gran medida de la experiencia del usuario, ya que guía la interacción entre objetos digitales y avatares. Las características distintivas del metaverso dictan los requisitos básicos para la experiencia del usuario. En su núcleo, el metaverso es un entorno virtual dinámico que está en constante cambio. Los objetos digitales dentro del metaverso no son estáticos, ya que los usuarios pueden interactuar con ellos y transformarlos. Otro aspecto crítico del metaverso es que debe parecerse al mundo real para proporcionar una experiencia intuitiva para el usuario. Aunque los avatares pueden tener formas no humanas y los objetos digitales pueden tener diseños futuristas, debe haber un elemento de familiaridad, con los movimientos de los avatares reflejando los de los humanos y el comportamiento de los objetos pareciéndose a sus contrapartes del mundo real. De esta manera, los usuarios pueden navegar por el mundo sin esfuerzo y saber cómo realizar tareas como ingresar a un edificio o usar herramientas dentro del metaverso.

El metaverso también es una experiencia social compartida donde la consistencia y la interactividad son cruciales. Por ejemplo, cuando cien personas ingresan al metaverso simultáneamente y participan en la misma actividad, la experiencia debe ser consistente desde la perspectiva de cada persona. Además, los usuarios deben poder interactuar entre sí dentro del mismo metaverso.

Estas características de experiencia del usuario en el metaverso pueden ilustrarse con el concierto virtual en vivo de Marshmello en Fortnite, donde cada movimiento se representaba en tiempo real en el mundo virtual. El concierto se diseñó para imitar los espectáculos en la vida real de Marshmello, con mesas de mezclas en el escenario, atracciones visuales y audiencias bailando. A pesar de tener 10 millones de asistentes simultáneos para el concierto, Fortnite suele dividir su juego en grupos de 100 jugadores, asegurando que cada usuario experimente la misma atmósfera de concierto que los otros 99 usuarios.

Para garantizar que los usuarios se mantengan comprometidos y motivados en el metaverso, también es esencial incorporar mecánicas de gamificación, incluyendo metas, logros e incentivos. Esta estrategia puede ayudar a los usuarios a mantener un sentido de propósito y motivarlos a trabajar juntos para lograr tareas integradas en una historia convincente. A medida que los usuarios completan metas y logran logros, se desbloquea la siguiente fase de la narrativa, lo que los mantiene inmersos y comprometidos en la experiencia. Starbucks Odyssey es un excelente ejemplo de utilizar la gamificación como un aspecto clave de la experiencia del usuario. Es un programa de membresía recientemente lanzado basado en *blockchain* y modelado según el programa de lealtad de Starbucks, donde los clientes acumulan puntos y obtienen recompensas. Anima a los miembros a completar una serie de juegos interactivos y desafíos inmersivos llamados «viajes» para ganar sellos coleccionables basados en NFT. Como incentivo, los miembros pueden obtener experiencias fisicodigitales inmersivas como clases virtuales de preparación de café, eventos especiales en Starbucks Reserve Roasteries o viajes a la finca de café de Starbucks en Costa Rica.

Este modelo modificado de juega para ganar del metaverso descentralizado motiva aún más a los usuarios al permitirles obtener recompensas a través del juego, lo que los incentiva a seguir regresando al metaverso y a mantenerse comprometidos.

Economía del creador

Las principales atracciones del metaverso serán la abundancia de contenido y experiencias digitales, y los creadores de contenido desempeñarán un papel crucial en producirlos. Los usuarios también funcionan como creadores y están altamente motivados, dada su capacidad para generar contenido y experiencias o modificar los existentes. De hecho, al igual que las redes sociales, el metaverso presenta una oportunidad para un próspero ecosistema de creadores de contenido y proveedores de servicios, incluyendo marcas, comerciantes en línea, diseñadores de juegos, artistas digitales e *influencers*, para aprovechar la plataforma y generar ingresos.

Un factor clave que permite esta economía de creadores es la presencia de mercados disponibles dentro de la mayoría de los mundos virtuales. Estos mercados sirven como plataformas para que los usuarios negocien activos digitales, incluyendo bienes raíces virtuales, artículos de personalización de avatares y otros objetos digitales. Las transacciones dentro de estos mercados a menudo se realizan con dinero real, que luego se convierte en la moneda del juego en los metaversos centralizados o en criptomonedas en los metaversos descentralizados.

La tecnología *blockchain* facilita la economía del creador en un metaverso descentralizado, ya que se requiere que los creadores de contenido creen tokens no fungibles (NFT) para sus activos digitales y participen en el comercio dentro del mundo virtual. Los NFT sirven como certificados de propiedad únicos para objetos digitales, permitiendo el comercio seguro y el pago de regalías por la reventa de activos. Mientras que los metaversos centralizados ofrecen oportunidades similares, los creadores tienen menos control y propiedad sobre su trabajo en los metaversos centralizados.

La adquisición de RTFKT, un diseñador de zapatillas personalizadas basadas en NFT, por parte de Nike, es un excelente ejemplo del potencial del mercado de NFT. Con esta adquisición, Nike ha generado 185 millones de dólares del mercado del metaverso en 2022, incluyendo regalías por el mercado de reventa. A diferencia de la vida real, donde los ingresos se generan solo a partir de ventas primarias, Nike puede obtener ingresos de ventas primarias y secundarias en el metaverso.

Además de los activos digitales, los creadores pueden diseñar experiencias bien diseñadas en el metaverso. Una de las características únicas del metaverso es su capacidad para que los creadores construyan lugares virtuales donde sus comunidades puedan conectarse, socializar e interactuar directamente con el creador. Por ejemplo, la marca de tequila Patrón organizó un *pop-up* de verano en Decentraland, donde los usuarios podían participar en misiones para ganar un viaje en la vida real.

De manera similar, Walmart ha establecido dos espacios en el metaverso en Roblox, Walmart Land y Walmart's Universe of Play, que ofrecen experiencias interactivas, conciertos virtuales y una plataforma para que las marcas vendidas en Walmart muestren mercancía virtual. Esta experiencia inmersiva presenta otra oportunidad de monetización para que el metaverso se convierta en un nuevo medio para publicidad y activación de marca.

La economía del creador dentro del metaverso ofrece a las empresas una oportunidad lucrativa para generar ingresos. Las empresas pueden asociarse con creadores para desarrollar y vender activos digitales de marca, al tiempo que establecen mercados para el comercio de activos. Además, las empresas pueden crear experiencias inmersivas y lugares virtuales dentro del metaverso sin necesidad de esfuerzos internos de desarrollo.

Gobernanza

La estructura de gobernanza de un metaverso determina si es centralizado o descentralizado. En un metaverso centralizado, la empresa que creó la plataforma establece las reglas y toma todas las decisiones, al igual que las redes sociales. Por ejemplo, Meta controla Horizon Worlds, y Epic Games gestiona Fortnite.

En algunos casos, una parte independiente puede revisar la toma de decisiones del propietario de la plataforma. Por ejemplo, Meta ha establecido la junta de supervisión, un grupo independiente de expertos que revisa decisiones importantes, especialmente aquellas relacionadas con la moderación de contenidos. Esto asegura que Meta no sea la única entidad responsable de tomar decisiones de moderación de contenido.

Inicialmente, Meta designa a los miembros de la junta, pero una vez que se completan sus primeros mandatos, la junta de supervisión asumirá la plena responsabilidad de seleccionar a todos los futuros miembros.

Para garantizar la independencia de la junta, Meta también ha establecido un fideicomiso para cubrir los costos operativos asociados con la junta.

La estructura de gobernanza en un metaverso descentralizado es más intrincada. Un modelo de gobernanza emergente es la organización autónoma descentralizada (DAO; *decentralized autonomous organization*), que no tiene un cuerpo de gobierno central o un líder corporativo único. En cambio, el poder se distribuye entre sus miembros, quienes toman decisiones juntos. Una DAO opera de manera similar a una cooperativa, ya que es de propiedad colectiva, pero utiliza la tecnología *blockchain* para facilitar sus operaciones.

Los miembros de una DAO son propietarios de tokens criptográficos, que funcionan de manera similar a las acciones en una empresa, y son responsables de dirigir la organización. El proceso de toma de decisiones en una DAO es descendente, con los miembros trabajando con un objetivo común para beneficiar a la organización. Propuestas y votaciones gobiernan cada decisión operativa y financiera para asegurar que todos los miembros tengan voz. La cadena de bloques permite una completa transparencia de todas las decisiones y ningún miembro individual puede acceder al tesoro de la DAO sin la aprobación de los miembros.

En varios casos, los fundadores e inversores de plataformas de metaverso se asignan una parte significativa de tokens, otorgándoles un control mayoritario sobre la toma de decisiones. Para mitigar esto, ciertos metaversos han optado por distribuir equitativamente los tokens de gobernanza entre los usuarios de la plataforma. La propiedad inmutable y la transferencia transparente de estos tokens ayudan a garantizar que el poder de toma de decisiones permanezca en manos de toda la comunidad.

La popularidad de las DAO va más allá de la gobernanza en el metaverso. El modelo único de organización de la DAO se considera una alternativa de Web3 a la estructura corporativa tradicional. Según DeepDAO, este modelo está experimentando un crecimiento rápido, con más de 12 000 DAO en existencia. Estas administran un fondo colectivo de 23 mil millones de dólares e involucran a más de dos millones de creadores de propuestas y votantes activos hasta mayo de 2023.

Las DAO pueden revolucionar la forma en que las comunidades de clientes interactúan con las marcas y participan en la cocreación de productos virtuales. También es una nueva forma para los nativos del metaverso de invertir su dinero hacia objetivos compartidos. Los clientes pueden reunir sus fondos para crear una DAO, asociarse con marcas que operan en el metaverso y gestionar la dirección de la asociación. Un informe reciente de la consultora Long Dash encontró que el 63 % de la generación Z y de la generación Y quieren tener más influencia sobre la toma de decisiones de las marcas y, por lo tanto, están interesados en participar en las DAO.

En respuesta, algunas marcas se han asociado y han creado DAO para exponer a sus clientes al entorno del metaverso. Por ejemplo, Bud Light se ha asociado con Nouns DAO para mostrar el primer NFT y DAO en un anuncio del Super Bowl. El anuncio de 45 segundos narra cuatro historias que ilustran las posibilidades de desafiar las normas tradicionales, como asistir a un concierto en el metaverso o explorar comunidades de arte NFT. Además, los anuncios presentan a Bud Light Next, una cerveza sin carbohidratos, a un público más joven, ampliando la base de clientes de la marca.

Otro ejemplo es la marca NYX de L'Oréal, que ha creado su propia DAO llamada GOJRS para creadores de avatares virtuales centrados en la belleza. Esta actúa como una incubadora de belleza en línea, ayudando a los creadores a desarrollar y monetizar el maquillaje digital con avatares. Para garantizar su independencia se utilizarán tokens intransferibles para votar en diferentes proyectos. La DAO solo incluye a cuatro ejecutivos de NYX, cada uno con una participación del 2 % de los tokens. Como sus miembros tienen voz en la toma de decisiones, se convierten en verdaderos defensores de las marcas.

¿Qué le espera al metaverso?

El metaverso es un tema controvertido por una razón. El escepticismo no se dirige a los mundos virtuales en sí, ya que existen desde hace décadas en forma de juegos de construcción de mundos. Incluso los grupos de mayor edad pueden entender por qué atrae a las generaciones más jóvenes. La raíz del problema está en el concepto de Web3 y la tecnología *blockchain* que impulsa su versión descentralizada.

Para los entusiastas de Web3, la visión del metaverso es la de un mundo completamente descentralizado, sin intermediarios, donde el poder está en manos de los usuarios. Esta idea es altamente disruptiva y podría suponer la desaparición del modelo de negocio de plataforma que ha prevalecido desde principios de la década de 2000.

El modelo de negocio de las plataformas se basa en la idea de que el poder reside en conectar a dos partes, como compradores y vendedores, o creadores de contenidos y consumidores. Este enfoque ha trastornado varios sectores, con empresas como Amazon, Netflix, Uber, Airbnb, Android, Google y Meta como ejemplos de plataformas que han trastornado los negocios tradicionales en sus respectivos sectores.

Web3 pretende desbaratar a estos perturbadores, lo cual es un objetivo ambicioso. Además, algunos partidarios acérrimos de Web3 no solo pretenden acabar con las empresas de plataformas, sino también con intermediarios más tradicionales, como los bancos centrales, a través de la tecnología de la criptomoneda. Esto convierte a Web3, y por ende al metaverso, en un tema controvertido.

Hay que tener en cuenta que el metaverso se encuentra todavía en sus primeras fases de desarrollo y puede que no alcance todo su potencial en la próxima década. El metaverso final es un universo interoperable sin propietarios de plataformas. Sin embargo, los desarrolladores del metaverso, sobre todo los de plataformas centralizadas, son principalmente las propias empresas de plataformas, que realizan grandes inversiones para evitar la obsolescencia. En consecuencia, cada versión del metaverso sigue siendo un ecosistema cerrado con activos y moneda únicos, carente de interoperabilidad. Los usuarios que deseen explorar distintos metaversos deben registrarse por separado en cada uno de ellos y no pueden utilizar su identidad virtual existente en varios metaversos.

Además, la tecnología de cadena de bloques sigue siendo un tema complicado y controvertido para la mayoría de los clientes, sobre todo después de las caídas de las criptomonedas y los NFT y el descenso del valor de mercado de Meta en 2022. Aunque los clientes pueden desear los beneficios de un metaverso basado en *blockchain*, se oponen a las complejidades y controversias asociadas a la tecnología de cadena de bloques, como la creación de carteras de criptodivisas o la compra de NFT.

Por lo tanto, las empresas deben hacer que esta experiencia sea lo menos friccionada posible para los clientes medios que no son entusiastas de la Web3. Por ejemplo, Starbucks Odyssey, que funciona con *blockchain*, utiliza el término sellos de viaje en lugar de NFT.

Además, permite a los miembros comprar estos sellos directamente con sus tarjetas de crédito, eliminando la necesidad de criptomoneda.

A pesar de este escenario poco ideal, las empresas aún pueden beneficiarse de esta nueva evolución. Este hito intermedio (la Web 2.5) es necesario para avanzar hacia el empoderamiento definitivo del cliente que prevé la Web3. La Web 2.5 pretende combinar la familiaridad de la Web2 con la tecnología descentralizada de la Web3. Un ejemplo de Web 2.5 lo demuestra Starbucks Odyssey al incorporar la tecnología Web3 sin fisuras a su actual mecanismo de programa de fidelización. Esta integración garantiza que los clientes de Starbucks puedan disfrutar de las ventajas de la tecnología *blockchain* sin sentirse abrumados por su complejidad.

RESUMEN. LA FORMA FUTURA DE LAS PLATAFORMAS DE MEDIOS SOCIALES

El metaverso es un mundo virtual inmersivo que se asemeja mucho al mundo físico y se considera el siguiente paso en la evolución de internet, o Web3. Un metaverso plenamente funcional tiene cinco componentes esenciales: activos virtuales, avatares, experiencia de usuario, economía de creadores y gobernanza. Al ser el formato de medios sociales preferido por las generaciones Z y alfa, los profesionales del marketing pueden utilizar el metaverso como forma alternativa de interactuar con los clientes.

PREGUNTAS DE REFLEXIÓN

- ¿Cómo se puede aprovechar el metaverso para el marketing? ¿Qué estrategias o ideas concretas se aplicarían a su sector o empresa?

- ¿Cómo pueden garantizar las empresas que su uso del metaverso para el marketing es ético y no causa los mismos problemas observados en las redes sociales?

PARTE III

EL MARKETING 6.0
EXPERIENCIA

CAPÍTULO 8

MARKETING MULTISENSORIAL

Experiencias inmersivas para los
cinco sentidos

Internet ha impregnado todos los aspectos de nuestras vidas, desde el trabajo hasta el hogar y todo lo demás. La pandemia ha exacerbado aún más esta situación, ya que la gente se han visto obligadas a quedarse y trabajar desde casa, difuminando los límites del horario laboral. Los trabajadores se han visto obligados a mantener más reuniones en línea, que suelen ser más intensas y exigentes para la capacidad cognitiva humana.

Según un estudio reciente realizado por Meltwater y We Are Social, la media mundial de uso diario de internet supera las 6.5 horas en todos los dispositivos. Esta cifra se acerca a las 7 horas diarias en Estados Unidos. Por un lado, este aumento del uso de internet ha creado más oportunidades para conectar con los clientes a través de canales digitales. Pero, por otro lado, también ha introducido un fenómeno preocupante conocido como fatiga digital.

La fatiga digital es el agotamiento físico y mental derivado del uso excesivo y prolongado de dispositivos conectados a internet. Según un informe de Deloitte, una de cada tres personas se siente abrumada por la tecnología y muestra signos de fatiga digital. Este problema es muy preocupante, ya que puede reducir la productividad en el trabajo y provocar problemas de salud mental más graves.

En respuesta a este creciente problema, han surgido tendencias entre las generaciones más jóvenes para combatir la fatiga digital (véase el gráfico 8.1). Una de estas tendencias es la desintoxicación digital, en la que las personas limitan su tiempo frente a la pantalla tomando descansos de internet y de los dispositivos digitales. En su lugar, se reúnen con amigos en persona y establecen contactos significativos en un tercer lugar, como una cafetería. Las marcas están aprovechando esta tendencia. Apple, por ejemplo, anima a la gente a controlar y limitar su tiempo de pantalla. Del mismo modo, Heineken ha lanzado una campaña para reducir el tiempo frente a la pantalla y socializar más con los amigos mientras se toma una copa.

GRÁFICO 8.1 Nuevas tendencias multisensoriales para combatir la fatiga digital

DESINTOXICACIÓN DIGITAL
Descansar de internet y los dispositivos digitales

MOVIMIENTO RETRO
Adoptar dispositivos de la vieja escuela que no se conectan a internet

FATIGA DIGITAL
Agotamiento físico y mental derivado del uso excesivo de dispositivos conectados a internet

MINDFULNESS
Estar plenamente presente y consciente de los sentidos, a menudo facilitado por la meditación

VIAJES SIN CONEXIÓN A LA RED
En busca de tranquilidad en la naturaleza y escapadas remotas sin internet

Otra tendencia popular entre las generaciones más jóvenes es el movimiento retro, en el que las personas adoptan dispositivos de la vieja escuela como los teléfonos *tontos*, los discos de vinilo y las cámaras de cine clásicas. Las empresas han aprovechado esta oportunidad, y HMD Global, fabricante de los teléfonos Nokia, ha informado de un aumento de las ventas de teléfonos fijos en Estados Unidos en 2022. Además, el 43 % de todos los álbumes vendidos en Estados Unidos en 2022 eran discos de vinilo, lo que ha llevado a empresas como Audio-Technica y Sony a centrarse en sus productos de tocadiscos de vinilo. Del mismo modo, la demanda de cámaras de película desechables se ha multiplicado por 3.3 en los últimos cinco años.

El movimiento de atención plena también ha ganado terreno debido a la fatiga digital. Las prácticas de atención plena, a menudo desarrolladas a través de la meditación, consisten en estar plenamente presente y ser consciente de los sentidos y las emociones en cada momento. Curiosamente, el *mindfulness* ha ganado popularidad en el mundo empresarial, sobre todo en Silicon Valley, donde residen empresas tecnológicas como Google y Meta. Se ha convertido en una herramienta para que los empleados contrarresten el ritmo acelerado del mundo tecnológico.

Las generaciones jóvenes también han intentado contrarrestar la fatiga digital embarcándose en viajes fuera de la red, buscan consuelo en la naturaleza y en escapadas remotas. De hecho, la oportunidad de desconectar se ha convertido en un lujo codiciado en un mundo en el que la tecnología digital nos rodea. Como resultado, plataformas como Airbnb ofrecen ahora filtros de búsqueda para personas que buscan alojamiento fuera de la red y otras opciones centradas en la naturaleza, como acampadas, retiros en el campo, cabañas y parques nacionales.

Los profesionales del marketing son en parte responsables de la fatiga digital al alimentar la proliferación de medios digitales. Los contenidos distribuidos masivamente y carentes de personalización pueden abrumar a los clientes con *spam* irrelevante, frustrándoles en su búsqueda de información valiosa. Pero los profesionales del marketing también pueden ser parte de la solución si adoptan el concepto de marketing multisensorial.

El marketing multisensorial utiliza múltiples sentidos humanos para evocar emociones positivas e influir en los comportamientos.

A diferencia de los contenidos y experiencias digitales centrados principalmente en la vista y el oído, el marketing multisensorial se esfuerza por equilibrar los estímulos a través de los cinco sentidos. Las tendencias de la desintoxicación digital, lo retro, la atención plena y los viajes fuera de la red son formas de marketing multisensorial. Se ha demostrado que pasar tiempo en un entorno multisensorial mejora la atención y aumenta la felicidad. También es un pilar esencial para ofrecer experiencias inmersivas a los clientes.

1. Los cinco sentidos

Los cinco sentidos actúan como diversos sensores que transmiten mensajes al cerebro humano, configurando las percepciones del entorno e influyendo en la toma de decisiones. Los sentidos (la vista, el oído, el olfato, el tacto y el gusto) proporcionan canales únicos y subconscientes a la mente de los clientes (véase el gráfico 8.2). Los profesionales del marketing pueden utilizar estos canales para abrirse paso entre la maraña de contenidos masivos que compiten por la atención. Pueden crear percepciones positivas y posicionar sus marcas en la mente de los clientes. Además, se ha demostrado que el enfoque multisensorial mejora y profundiza la experiencia del cliente creando ambiente. En última instancia, este enfoque puede influir en el comportamiento de los clientes, lo que la convierte en una poderosa herramienta para impulsar las compras.

Empresas como Starbucks son conocidas por aplicar un enfoque multisensorial en sus estrategias de marketing. Sus tiendas presentan una decoración visualmente atractiva y música ambiental relajante como elementos constantes. Sin embargo, como cadena de cafeterías, Starbucks hace hincapié en los sentidos del olfato y el gusto.

Su aroma a café se describe a menudo como «embriagador, rico, con cuerpo y sugerente», que complementa a la perfección la experiencia de tomar café. Starbucks es conocida desde hace mucho tiempo por salvaguardar este aroma característico, aplicando políticas como la de no fumar en el interior y la de no utilizar perfumes fuertes para los baristas. Incluso han adaptado su carta de comida para evitar productos muy perfumados que puedan competir con el aroma del café o eclipsarlo.

GRÁFICO 8.2 Enfoque de marketing multisensorial

* Crear una primera impresión
* Crear una percepción de forma y función
* Activar el tacto como seguimiento

VISTA

SONIDO

* Crear una marca sonora para recordar mejor
* Aplicación del tempo musical a la percepción del tiempo
* Utilizar el género musical para la percepción de la calidad

* Crear placer con sabor de autor
* Aumentar la fidelidad a las marcas
* Mejorar la felicidad y la calidad de vida

SABOR

MARKETING MULTISENSORIAL

OLFATO

* Desencadenar la nostalgia con un aroma característico
* Utilizar la aromaterapia para el tráfico peatonal
* Aplicar el aroma ambiental para crear marca

TACTO

* Mayor probabilidad de vender el producto
* Crear una percepción de calidad con el peso y la textura
* Transmitir emociones con el contacto social

Cada uno de los cinco sentidos humanos tiene una función distinta en el comportamiento humano. Por consiguiente, comprender cómo responde cada sentido a los estímulos permite a los profesionales del marketing incorporar elementos multisensoriales adecuados a sus diseños de experiencias inmersivas. Además, dado que el cerebro humano percibe los estímulos como una experiencia unificada, los profesionales del marketing deben descubrir la combinación perfecta de ingredientes para ofrecer una sensación coherente y, en última instancia, inmersiva.

La vista

La visión es la modalidad sensorial dominante, es la que configura la percepción y la cognición en el cerebro humano. Neurocientíficos e investigadores han estimado que aproximadamente el 80 % de la información procesada por el cerebro se recopila a través de la vista. En consecuencia, una parte importante del cerebro humano se dedica a procesar información visual, mientras que el procesamiento de estímulos de otros sentidos se produce en regiones cerebrales que, en comparación, son más pequeñas.

Este conocimiento ayuda a comprender la naturaleza adictiva de los estímulos visuales, como la dependencia de las pantallas que se observa en las generaciones más jóvenes. Pasar horas con los *smartphones* chateando con amigos, utilizando las redes sociales, viendo contenidos en *streaming* y jugando a videojuegos es una manifestación de esta adicción.

Dada la importancia de la visión, no es de extrañar que la mayoría de las personas (70 %) expresen un mayor temor ante la perspectiva de perder la vista. En cambio, el miedo a perder otros sentidos suele oscilar entre el 2 % y el 7 %, como demuestra una encuesta de YouGov. Esta disparidad puede atribuirse al importante papel que desempeña la visión en actividades humanas cotidianas como conducir coches, trabajar con ordenadores, ver la televisión y leer libros.

Además, los ojos humanos poseen una velocidad de procesamiento extraordinaria, sobre todo, en lo que respecta a las imágenes. Investigaciones realizadas en el Instituto Tecnológico de Massachusetts han revelado que los seres humanos pueden procesar información visual en tan solo 13 milisegundos. Este hallazgo explica por qué las señales visuales en la publicidad tienen un impacto más profundo en la respuesta del cliente que el contenido basado en texto.

Un ejemplo notable de este fenómeno es el rediseño del logotipo de Mastercard, en el que la empresa simplemente eliminó el nombre de la marca conservando sus icónicos círculos rojos y amarillos entrelazados. Según la empresa, el 80 % de las personas reconocen la marca al ver el logotipo sin el nombre.

En el campo del marketing, cautivar el sentido de la vista tiene un valor significativo en todo el recorrido del cliente. Los estímulos visuales conforman a menudo la primera impresión de los productos y servicios. Por ejemplo, al entrar en una tienda, los clientes suelen formarse una primera impresión basada en señales visuales, como la fachada, el logotipo y la decoración general del establecimiento. Al recorrer los pasillos, los clientes observan intuitivamente los envases de los productos, solo prestan atención a su forma, color e imágenes. La evaluación de la forma, tanto si se trata de objetos físicos como de productos, influye significativamente en la percepción de su función prevista. Un ejemplo convincente es la forma redonda de las mesas de Starbucks, que fomenta la interacción entre las personas, ya que desprende una atmósfera más acogedora que las mesas cuadradas. En consecuencia, la presencia de mesas redondas cultiva la percepción de un entorno social, aliviando la sensación de soledad de los clientes que ocupan ese espacio.

La visión también sirve de catalizador para que los clientes participen en experiencias táctiles. Cuando los clientes quedan cautivados por estímulos visuales, su inclinación natural es explorar los productos a través del tacto. Esta interacción táctil, a su vez, aumenta la probabilidad de compra. Apple es muy eficaz cuando aplica este principio en su enfoque de la venta de productos MacBook.

Las pantallas de los portátiles MacBook que se exponen en las Apple Store están colocadas intencionadamente en un ángulo preciso de 76°. Este ángulo deliberado tienta a los clientes a ajustar instintivamente la posición de la pantalla, incitándoles a tocar y explorar más a fondo el producto. Al crear esta experiencia interactiva, Apple aprovecha la conexión entre la atracción visual y el posterior deseo de interactuar con el producto.

Es común observar la aplicación de este principio en la industria de bienes de consumo envasados, donde los productos a menudo muestran colores juguetones y tipografías llamativas en sus envases para seducir a los clientes y que los elijan de los estantes. Por ejemplo, dos marcas destacadas de bebidas, Pepsi y Fanta, han experimentado rediseños significativos de su identidad visual para fomentar percepciones más vibrantes y lúdicas.

Fanta introdujo un importante rediseño de su logotipo e incorporó nuevos colores vivos y obras de arte en su envase. Este enfoque fresco tiene como objetivo captar la atención y crear una sensación de diversión y emoción para los consumidores. De manera similar, Pepsi reveló un logotipo mejorado con una combinación de colores azul eléctrico y negro, evocando una sensación de audacia y confianza en la imagen de su marca.

El poder de lo visual los convierte en un estímulo favorito para que las empresas interactúen con los clientes, principalmente a través de la televisión, impresos y medios digitales. Sin embargo, esta abundancia de contenido visual también genera un problema, dando lugar a desorden y sobrecarga sensorial.

El sonido

El sentido del oído, o la modalidad auditiva, ocupa el segundo lugar en predominio entre los cinco sentidos. Contribuye aproximadamente con el 10 % de la información total que recibe y procesa el cerebro humano. Juntos, los estímulos visuales (80 %) y los estímulos auditivos (10 %) dan forma significativa a las percepciones y decisiones humanas, representando alrededor del 90 % de las experiencias sensoriales.

Como era de esperar, los contenidos digitales con elementos audiovisuales se han convertido en los últimos años en la forma dominante de los medios de comunicación. Esto se debe a que el tiempo de respuesta humana a los estímulos audiovisuales integrados es más rápido que el de la información exclusivamente visual o auditiva.

Los usuarios de las redes sociales, por ejemplo, comprenden mejor los contenidos audiovisuales que las imágenes estáticas o los vídeos mudos. Por tanto, al incorporar narraciones sonoras a los contenidos visuales, los vendedores pueden transmitir eficazmente un mensaje a su audiencia y aumentar su impacto.

El sonido desempeña un papel crucial en la creación de una experiencia inmersiva, ya que enriquece la percepción del espacio. Por eso, el desarrollo del paisaje sonoro se centra en modelar la percepción del espacio a través del entorno acústico. De manera inconsciente, las personas pueden distinguir si están en una zona al aire libre, una sala de conciertos, una cafetería abarrotada o un cuarto de baño tan solo percibiendo los sonidos que oyen y cómo se reflejan en los espacios circundantes.

Un ejemplo notable son los Nike Icon Studios de Los Ángeles, donde fotógrafos y videógrafos crean contenidos de imagen de marca para la campaña mundial de Nike. Estos estudios examinan meticulosamente la selección de materiales para el suelo y el techo a fin de controlar eficazmente el sonido dentro del espacio, garantizando un entorno acústico de alta calidad.

Otros ejemplos son el minorista británico Selfridges y el centro comercial sueco Emporia, que tienen diferentes diseños visuales y paisajes sonoros para cada sección, personificando diferentes categorías de productos y públicos.

Con estos distintos paisajes sonoros temáticos, los clientes son plenamente conscientes de dónde están, lo que les ayuda a navegar por todo el espacio.

El impacto del sonido en la marca también es muy importante. Por ejemplo, la marca sonora —el audio asociado de forma exclusiva a una marca específica— ha demostrado ser una herramienta eficiente. La marca sonora puede adoptar la forma de un logotipo sonoro (una representación sonora del logotipo de una marca), un *jingle* (una pieza musical breve que aparece en la publicidad) y un tema musical de marca más largo.

Mastercard es un ejemplo de marca que adopta el *branding* sonoro. A medida que la empresa de procesamiento de pagos se adentra en los dispositivos controlados por voz, como los altavoces inteligentes y los *wearables*, reconoce la importancia de tener un formato de audio para su marca. Para lograrlo, Mastercard creó un logotipo sonoro, una interpretación sonora de su reconocible logotipo rojo y amarillo. Esta melodía instrumental de 30 segundos sin letra se integra en todas las comunicaciones audiovisuales de marketing, y su versión corta se reproduce después de cada transacción con tarjeta de crédito realizada con éxito en el punto de venta.

Sin embargo, la marca sonora de Mastercard va más allá de una única melodía. El sonido se ha adaptado a varios géneros musicales y versiones en distintas regiones. Además, Mastercard adoptó un enfoque único al desarrollar un álbum musical llamado *Priceless*, disponible en Spotify.

Este álbum contiene canciones que incorporan sutilmente la marca sonora a la música pop. Es importante señalar que el objetivo de este tipo de marca sonora no es solo atraer a un público masivo. Su objetivo es crear reconocimiento de marca y establecer conexiones emocionales con los clientes. La marca sonora añade una poderosa dimensión a las identidades de marca tradicionalmente confinadas a aplicaciones visuales.

El sonido ambiente también influye en los comportamientos al moldear la percepción. Un ejemplo es la influencia del tempo musical, que se refiere a la velocidad a la que avanza la música, medida normalmente en pulsaciones por minuto. El tempo de la música puede influir en la percepción del tiempo y los vendedores pueden aprovechar este efecto para controlar la velocidad de compra en función de sus objetivos. Un tempo musical más rápido tiende a hacer que los clientes compren más rápido, mientras que un tempo más lento fomenta una experiencia de compra más lenta. Como resultado, un tempo rápido se emplea a menudo para inducir comportamientos de compra impulsivos, que encajan bien con productos de bajo precio y poca implicación, como la comida rápida y los comestibles. Por el contrario, un ritmo más lento es más adecuado para productos de mayor precio e implicación, como joyas y electrónica de consumo, en los que los clientes necesitan más tiempo para evaluar sus opciones.

La elección de los géneros musicales puede evocar percepciones específicas de la calidad, ya que los distintos géneros provocan estados emocionales particulares. Por ejemplo, el *jazz*, con sus patrones rítmicos y su improvisación, tiene un efecto calmante y crea un estado de ánimo relajante. El *jazz* encarna la sofisticación y el estilo cuando se utiliza como música ambiental, por lo que es muy adecuado para galerías y boutiques de lujo.

Por el contrario, la música soul y el R&B ponen el acento en las voces acompañadas de una música de fondo alegre, que desprende un ambiente cálido y acogedor. Estas se adaptan de manera excepcional a locales sociales como bares y cafeterías, ya que crea una atmósfera acogedora para los clientes. Por último, el pop y la música electrónica de baile, conocidos por sus ritmos enérgicos, crean un ambiente lúdico adecuado para las tiendas de moda. Las características únicas de estos géneros añaden un elemento dinámico a la experiencia de compra, mejorando el ambiente general.

El olfato

Dado que la vista y el oído suponen el 90 % de la información procesada en el cerebro humano, cada uno de los tres sentidos restantes solo aporta entre el 1 % y el 4 %. A pesar de su menor predominio, los estímulos dirigidos a estos sentidos desempeñan un papel crucial a la hora de aliviar la abrumadora carga que soportan la vista y el oído humanos, y que a menudo conduce a la fatiga digital. Además, la participación de estos tres sentidos puede diferenciar a las empresas de sus competidores, ya que muchas tienden a centrarse sobre todo en los aspectos audiovisuales de la experiencia del cliente.

El sentido del olfato, activado por los aromas, es esencial para una experiencia multisensorial. A diferencia de los estímulos audiovisuales, que pueden transmitirse en espacios físicos y digitales, los olores se experimentan mejor en el ámbito físico. Existe un campo emergente conocido como olfacción digital, cuyo objetivo es imitar el sentido del olfato humano y transmitir olores específicos digitalmente a través de dispositivos como difusores o cables conectados a las fosas nasales. Sin embargo, el uso de dispositivos olfativos digitales resulta incómodo, lo que limita la aplicación de los aromas a las experiencias físicas.

La función más importante del olfato es evocar sentimientos de nostalgia. Esto se produce debido a la fuerte interconexión entre el olfato y la memoria, gracias a la anatomía del cerebro, que permite que los estímulos olorosos vayan directamente a las regiones cerebrales responsables de la regulación de la memoria. Este fenómeno suele denominarse el momento Proust, en el que una experiencia sensorial, normalmente provocada por un olor, hace aflorar en la mente de las personas un recuerdo vívido de un pasado lejano.

Así, mientras que los estímulos audiovisuales son eficaces a corto plazo, los olfativos tienen un efecto duradero. Los profesionales del marketing de las industrias relacionadas con los aromas han aprovechado este enfoque durante muchos años. Por ejemplo, la línea Replica Fragrance de Maison Margiela se inspira en olores que despiertan la memoria, como la chimenea, la biblioteca y la playa. Nespresso lanzó una edición limitada de café Festive Variations que evoca la nostalgia de la Navidad en familia.

Otra aplicación de marketing olfativo es el uso de carteles aromáticos, comúnmente empleados por empresas de servicios alimentarios como cafeterías y panaderías, para atraer tráfico peatonal. Por ejemplo, tiendas como Starbucks y Panera Bread diseñan deliberadamente sus zonas de preparación de café y panadería como espacios abiertos para dispersar el tentador aroma de sus productos entre los transeúntes, incitándoles a entrar en las tiendas y hacer compras. Las vallas aromáticas suelen presentar olores sólidos y audaces cuidadosamente seleccionados para difundirse en el exterior y atraer a la gente. Sin embargo, hay excepciones a este principio, sobre todo, en espacios de servicios no alimentarios. Por ejemplo, el minorista de ropa Abercrombie & Fitch aprendió de sus experiencias pasadas a la hora de desarrollar su aroma característico para atraer a la gente a sus tiendas. Al principio, su fragancia Fierce, demasiado fuerte, tuvo un impacto negativo pues alejaba a los clientes de las tiendas. En respuesta, Abercrombie & Fitch optó por una fragancia más sutil y acogedora llamada Ellwood.

Las empresas también utilizan los aromas ambientales para crear asociaciones específicas con sus marcas. Los hoteles, en particular, son conocidos por adoptar aromas de autor que encarnan sus características únicas. características únicas. Por ejemplo, Westin, que hace hincapié en los servicios de bienestar, utiliza un aroma llamado Té blanco, que revitaliza y da energía a los huéspedes.

Por otro lado, W Hotels, que se posiciona como un establecimiento moderno con diseños provocativos y estilos de vida extravagantes, emplea el aroma Citron N.º 5 para mostrar la vibrante personalidad de la marca. Estas fragancias no solo realzan el ambiente, sino que también contribuyen a una narrativa cohesiva que se alinea con los valores de la marca.

El tacto

A diferencia de los demás sentidos, el tacto no tiene un órgano específico en el cuerpo humano. Aunque, por lo general, la piel se asocia con el tacto, comprende numerosos nervios sensoriales individuales que colaboran para generar la sensación del tacto. A través del sentido del tacto, el ser humano puede distinguir diversas características físicas de los objetos, como su forma, textura, dureza, peso y temperatura. Los avances tecnológicos han conseguido trasladar la sensación del tacto al ámbito digital. Por ejemplo, interfaces digitales como las pantallas táctiles de los teléfonos móviles, los *touchpads* de los ordenadores portátiles y los *joysticks* de las consolas de videojuegos proporcionan al usuario una respuesta táctil que mejora su experiencia al manejar estos dispositivos. Así, resulta factible incorporar el tacto como experiencia multisensorial en entornos digitales como el metaverso. metaverso.

Otro aspecto destacable del tacto es su combinación de percepción pasiva y activa. Los individuos no son meros receptores de estímulos táctiles, sino que participan tocando objetos para explorar sus cualidades. Esta implicación activa es un factor importante que explica por qué los clientes son más proclives a comprar productos cuando tienen la libertad de tocarlos e interactuar con ellos de primera mano. Además, las experiencias táctiles aumentan la disposición a pagar, ya que los clientes sienten que pueden evaluar mejor el valor del producto.

Este fenómeno está estrechamente vinculado a un concepto conocido en psicología como efecto de posesión. Según este concepto, las personas tienden a asignar más valor a los artículos que ya poseen y tienen más inclinación a conservarlos. Cuando los clientes tocan y prueban productos se crea un sentido de posesión, lo que aumenta la probabilidad de que mantengan este sentimiento al realizar una compra.

Esto es especialmente importante para productos de alta participación que requieren exploración por parte del cliente antes de la compra. Por lo tanto, minoristas como Apple Store y Best Buy fomentan activamente que los clientes interactúen con sus productos en la tienda. Tácticas similares se pueden observar en concesionarios de automóviles y tiendas de ropa, donde las pruebas de manejo y los probadores facilitan las ventas al otorgar a los posibles compradores una sensación de posesión del producto.

La percepción táctil también juega un papel en la formación de la percepción de calidad de los clientes. Por ejemplo, los lectores pueden percibir una revista o libro que se siente pesado y utiliza papeles texturizados como *premium*. Por otro lado, la ligereza y suavidad de los materiales de aluminio en teléfonos inteligentes pueden contribuir a una sensación de calidad *premium* para los compradores. De manera similar, los bebedores de café a menudo optan por tazas de cerámica en lugar de vasos de papel, ya que creen que las tazas de cerámica retienen mejor el sabor del café. Dependiendo del atributo específico que los clientes valoren, la experiencia táctil puede proporcionarlo de manera efectiva, consolidando la idea que tienen sobre la calidad del producto. Sin embargo, una de las funciones vitales del tacto radica en su capacidad para transmitir emociones. Un estudio liderado por Matthew Hertenstein descubrió que el contacto de persona a persona, cuando se aplica en cualquier parte apropiada del cuerpo, puede transmitir con eficacia ocho emociones distintas: enojo, miedo, felicidad, tristeza, disgusto, amor, gratitud y simpatía. Por ejemplo, un agarre firme o un apretón sin movimiento a menudo se interpreta como transmitir miedo, mientras que sostener con suavidad, acariciar y frotar se asocian con comunicar simpatía. El estudio encontró que los niveles de precisión de estas transmisiones emocionales oscilan entre el 50 y el 78 %.

Las implicaciones de este hallazgo en las experiencias de atención al cliente en persona son profundas, ya que el personal de primera línea puede transmitir emociones a los clientes no solo a través de expresiones faciales y tonos de voz, sino también a través de formas apropiadas de contacto, como apretones de manos. El tacto puede servir como un canal adicional para comunicarse efectivamente con los clientes y humanizar la experiencia.

El gusto

En una definición estrecha, el gusto se refiere a la sensación percibida por los seres humanos en sus lenguas, por lo general, lo dulce, lo agrio, lo salado, lo amargo y el *umami* (comúnmente conocido como sabroso). Sin embargo, el sentido del gusto es más complejo, ya que se entrelaza con los otros cuatro sentidos para formar lo que conocemos como sabor. El sabor es de verdad una experiencia multisensorial, un experimento en la Universidad de Oxford ha demostrado que consumir yogur con una cuchara de plástico liviana mejora la percepción de cremosidad y añade una sensación de lujo en comparación con el uso de una cuchara de metal pesada. Además, el yogur sabe más dulce cuando se disfruta con una cuchara de color claro en lugar de una más oscura.

De manera similar, un experimento en la Universidad de Tecnología de Auckland descubrió la influencia de la música ambiental en el disfrute del helado de chocolate. Cuando se reprodujo música estimulante de *food court*, las personas percibieron un sabor más amargo. Por el contrario, cuando se reprodujo música encantadora de café en segundo plano, la dulzura del helado se hizo más evidente y satisfactoria.

Además de las sensaciones visuales, auditivas y táctiles, el sentido del olfato juega un papel significativo en la formación de nuestra percepción del sabor. Aproximadamente el 80 % de lo que los humanos perciben como sabor se atribuye al olfato. Esto explica por qué las personas a menudo perciben la comida como insípida cuando sus conductos nasales están congestionados debido a un resfriado común. Así, el sabor emerge como una integración compleja de los cinco sentidos, culminando en la experiencia sensorial definitiva.

Muchas marcas se han adentrado en el negocio de las sensaciones de sabor, incluso si su enfoque principal se encuentra fuera de la industria de alimentos y bebidas. Retomemos el ejemplo de Mastercard, ya que es una empresa conocida por sus estrategias multisensoriales. Además de sus proyectos multisensoriales existentes, Mastercard se ha expandido al ámbito culinario, ofreciendo una completa participación de los cinco sentidos. A través de sus restaurantes Priceless, la compañía busca crear experiencias inmersivas y multisensoriales curadas por chefs y mixólogos famosos.

Otro ejemplo es la tienda de muebles IKEA, que proporciona una experiencia culinaria indulgente mientras vende productos principales. Su restaurante ofrece comidas escandinavas exclusivas, como las famosas albóndigas suecas. El negocio de alimentos se ha convertido en una forma efectiva para que IKEA aumente el tráfico de clientes, ya que la compañía descubrió que el 30 % de los visitantes de la tienda iban para comprar alimentos, y algunos terminaban comprando muebles dentro de las tiendas. Además, IKEA descubrió que ofrecer comedores extendía el tiempo que los clientes pasaban en sus tiendas, lo que ayudaba a vender líneas de productos más caros.

El sentido del gusto está intrincadamente ligado al concepto de lealtad a la marca. Un sabor específico puede asociarse con una marca en particular, dejando un impacto duradero que impulsa la lealtad. Un caso de estudio fascinante es el de New Coke. En 1985, se introdujo New Coke como respuesta a una prueba de sabor a ciegas que reveló que los clientes preferían el sabor más dulce de Pepsi. Sin embargo, la respuesta de los clientes fue abrumadoramente negativa hacia el nuevo producto, ya que ya habían formado una conexión sólida con el sabor original asociado a la marca Coca-Cola. Curiosamente, durante la prueba de sabor a ciegas, los clientes no favorecieron a Coca-Cola, pero cuando la marca se asoció con la misma bebida, su preferencia cambió al instante.

Sin embargo, el propósito principal del gusto es aumentar la felicidad y mejorar la calidad de vida en general. Desde hace tiempo se reconoce que la buena comida y los sabores deliciosos están estrechamente vinculados a una mayor calidad de vida. Por ejemplo, cuando los pacientes no pueden consumir ciertos alimentos debido a restricciones dietéticas causadas por ciertas enfermedades, su motivación y disfrute a menudo disminuyen. Además, un estudio reciente descubrió que las personas que experimentaron anosmia, la pérdida del sentido del olfato y del gusto debido a contraer COVID-19, también sufrieron niveles aumentados de depresión y ansiedad. Esto destaca el papel vital del gusto en enriquecer nuestras vidas y nuestro bienestar general.

La influencia del gusto en la felicidad también se puede atribuir significativamente a la naturaleza social de las comidas, donde nos reunimos e interactuamos con amigos y familiares. Reconociendo esto, muchos minoristas incorporan espacios de restaurantes dentro de sus tiendas para ofrecer esta experiencia social. Al combinar los aspectos multisensoriales del sabor con la atmósfera de comedor comunitario, las empresas pueden elevar la experiencia general del cliente a nuevas alturas, que son casi imposibles de replicar en el ámbito digital.

2. Construyendo experiencias multisensoriales

Comprender cómo cada sentido influye en la mente de los clientes ayuda a los profesionales del marketing a explorar las posibilidades de involucrar a sus clientes con experiencias sensoriales. Los seres humanos experimentan estimulación multisensorial a diario, y el cerebro humano procesa estos estímulos como una experiencia unificada. Por lo tanto, se vuelve crucial orquestar estos estímulos de manera armoniosa, asegurando su congruencia e impacto previsto al combinarse. En general, participan tres etapas principales en la creación de experiencias multisensoriales (véase el gráfico 8.3).

Paso 1. Determinar los objetivos clave

El primer paso implica determinar el impacto previsto de la experiencia multisensorial. Básicamente, hay tres objetivos que los profesionales del marketing pueden lograr con un enfoque multisensorial. En primer lugar, los profesionales del marketing pueden adoptar un enfoque multisensorial para desarrollar marcas estableciendo asociaciones entre marcas y elementos sensoriales distintivos. Por ejemplo, las marcas pueden vincularse a sonidos, olores y sabores distintivos, ampliando el reconocimiento de la marca más allá de elementos visuales clave.

GRÁFICO 8.3 Tres pasos del diseño de experiencias multisensoriales

1

DETERMINAR LOS OBJETIVOS CLAVE
- Construir marcas
- Evocar emociones
- Impulsar las ventas

2

IDENTIFICAR LOS PUNTOS DE CONTACTO MULTISENSORIALES
- Puntos de venta
- Activación emergente
- Ámbito digital

3

OFRECER EXPERIENCIAS MULTISENSORIALES
- Escribir la historia
- Crear estímulos coherentes
- Evitar la sobrecarga sensorial

En segundo lugar, emplear un enfoque multisensorial también es valioso para suscitar las emociones deseadas que las marcas buscan que experimenten sus clientes. Esto permite a las marcas crear una atmósfera que se alinee con puntos específicos de contacto entre la marca y sus clientes. El aroma y la música ambiental, por ejemplo, pueden adaptarse para inducir relajación o emoción, según los objetivos.

Por último, un enfoque multisensorial es una herramienta poderosa para impulsar las ventas al fomentar la acción de compra por parte del cliente. Involucrar múltiples sentidos, especialmente el tacto, al experimentar el producto ayuda a las empresas a persuadir a los clientes para que lo compren.

Paso 2. Identificar puntos de contacto multisensoriales

El siguiente paso implica identificar oportunidades para aplicar señales multisensoriales a lo largo del viaje del cliente. Las marcas deben mapear el recorrido del cliente y determinar los puntos más apropiados para incorporar estímulos sensoriales. Básicamente, hay tres puntos de contacto significativos donde las marcas pueden ofrecer de manera efectiva experiencias multisensoriales.

En primer lugar, las empresas pueden implementar señales sensoriales en el punto de venta, que incluye tiendas minoristas, restaurantes, cafeterías y otros lugares donde ocurren transacciones. Estas ubicaciones sirven como la representación multisensorial de la marca, permitiendo experiencias inmersivas.

En segundo lugar, el enfoque multisensorial se puede aplicar a espacios efímeros donde las marcas realizan campañas de activación o exposiciones temporales. A diferencia de las ubicaciones de punto de venta, los espacios efímeros suelen ser más pequeños y se encuentran dentro de espacios más grandes como centros comerciales o áreas públicas. Estos lugares se utilizan de manera habitual para lanzar nuevos productos o presentar nuevas campañas, centrándose en aspectos específicos de la oferta de la marca.

Finalmente, las experiencias multisensoriales también se pueden extender a los ámbitos digitales, aunque las señales están principalmente limitadas a elementos visuales y auditivos con un toque de estímulos táctiles. Las marcas que tienen presencia en el metaverso involucran a los clientes con componentes audiovisuales dinámicos y a menudo proporcionan extensiones a experiencias en la vida real.

Paso 3. Ofrecer experiencias multisensoriales

El paso final implica entregar estímulos multisensoriales coherentes y fluidos dentro de la experiencia general del cliente. Como se describe en este capítulo, cada señal sensorial transmite mensajes específicos sobre la calidad única del producto y los valores de la marca. Para garantizar la coherencia, es esencial establecer una historia principal que se alinee con el mensaje que las marcas desean transmitir.

Una vez que la historia está en su lugar, hay que asegurarse de que todas las señales sensoriales sean consistentes con la narrativa se vuelve crucial. Las marcas deben esforzarse por lograr la congruencia entre los estímulos, revisando que no se contradigan entre sí y que evocan las mismas emociones y se asocian con las mismas características del producto.

Este enfoque es evidente en los diseños de los parques temáticos de Disney. Los parques temáticos de Disney tienen como objetivo crear mundos mágicos que den vida a personajes e historias queridas de libros y películas, ofreciendo a los huéspedes una experiencia inmersiva que convierte la imaginación en realidad. Cada atracción está meticulosamente diseñada con tramas, argumentos y personajes familiares. Además, se anima a los huéspedes a interactuar con sus personajes favoritos, que aparecen en desfiles, espectáculos en vivo y encuentros en todo el parque temático. Incluso los lugares para comer son restaurantes temáticos donde cada platillo lleva el nombre de un personaje querido.

Sin embargo, es vital evitar la sobrecarga sensorial. En el marketing multisensorial, más estímulos no significa mejor experiencia para el cliente. Abrumar a los clientes con una combinación de estímulos puede tener un impacto negativo y alejarlos de la marca. A menudo, las señales más exitosas son sutiles e implícitas. Encontrar la fórmula adecuada es, por lo tanto, fundamental.

RESUMEN. OFRECER EXPERIENCIAS INMERSIVAS PARA LOS CINCO SENTIDOS

El uso excesivo de internet y dispositivos digitales ha llevado a la fatiga digital. Esta fatiga se debe principalmente a la sobrecarga sensorial, ya que la abundancia de contenido audiovisual se dirige a dos sentidos principales: la visión y el oído. Un enfoque de marketing multisensorial puede abordar la fatiga digital al involucrar los cinco sentidos y contrarrestar la tensión en sentidos específicos. Sin embargo, es importante tener en cuenta que ofrecer una experiencia completamente multisensorial solo puede lograrse en entornos físicos, con aplicaciones limitadas en ámbitos virtuales donde solo se pueden replicar unos pocos estímulos sensoriales.

Cada estímulo sensorial transmite mensajes específicos a la audiencia, dando forma a las personalidades de la marca y la calidad del producto. Además, cada señal desempeña un papel distintivo en evocar emociones e influir en el comportamiento de compra. La clave para un marketing multisensorial exitoso radica en orquestar coherentemente estos estímulos sensoriales.

PREGUNTAS DE REFLEXIÓN

- ¿Cómo puedes incorporar elementos multisensoriales en tu producto y experiencia del cliente? ¿Qué estrategias innovadoras tienes en mente para implementar el marketing multisensorial dentro de tu empresa?

- ¿La tecnología digital avanzará lo suficiente para permitir una experiencia del cliente completamente inmersiva y multisensorial en entornos digitales? En caso afirmativo, ¿qué medidas pueden tomar las marcas para evitar que la experiencia virtual se vuelva abrumadora y agrave la fatiga digital?

CAPÍTULO 9

MARKETING ESPACIAL

Ofrece interacciones naturales entre
humanos y máquinas

En el pasado, los humanos utilizaban diversos métodos para interactuar con las máquinas, como botones e interruptores. Con la llegada de las computadoras personales, se introdujeron nuevos medios de interacción, como un teclado y un ratón. De manera similar, los primeros *smartphones* utilizaban teclados físicos y lápices ópticos. Sin embargo, en 2007, el primer iPhone revolucionó la industria de los teléfonos inteligentes al popularizar las pantallas táctiles como la interfaz principal. Las pantallas táctiles se volvieron comunes en la mayoría de estos dispositivos poco después, estableciendo una interfaz intuitiva entre humanos y máquinas.

Hoy en día, las pantallas se han convertido en los portales para que las personas transiten entre los reinos físico y digital. Ahora, las personas pueden interactuar de manera intuitiva con pantallas en teléfonos inteligentes, tabletas, quioscos de autoservicio, cajeros automáticos y máquinas expendedoras. Incluso en situaciones sociales o espacios físicos como cafeterías, las personas a menudo desvían su atención hacia sus teléfonos, sumergiéndose en el mundo digital.

Los recientes avances tecnológicos impulsarán aún más estas interacciones más naturales entre humanos y máquinas. Creemos que muchas tecnologías avanzadas están diseñadas para imitar las habilidades y comportamientos humanos para que las máquinas puedan interactuar mejor con los humanos (véase el gráfico 9.1). La inteligencia artificial es un ejemplo destacado de esto, ya que busca replicar habilidades cognitivas humanas como el aprendizaje, la resolución de problemas y la toma de decisiones. Además, el procesamiento del lenguaje natural (PLN), una rama de la IA, se centra en imitar las interacciones del lenguaje humano. Esto permite que máquinas como chatbots y asistentes de voz comprendan y respondan a solicitudes escritas y habladas.

Los sensores desempeñan un papel crucial en imitar los sentidos humanos. Las tecnologías de reconocimiento facial e imagen, por ejemplo, tienen como objetivo replicar la visión humana al permitir que las máquinas identifiquen y distingan objetos de manera similar a los humanos.

GRÁFICO 9.1 Tecnologías inspiradas en el ser humano

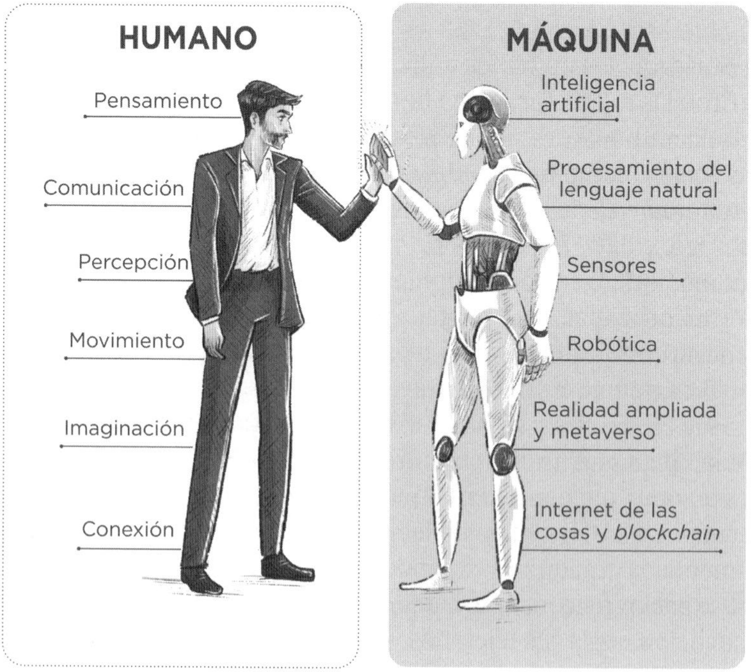

HUMANO

- Pensamiento
- Comunicación
- Percepción
- Movimiento
- Imaginación
- Conexión

MÁQUINA

- Inteligencia artificial
- Procesamiento del lenguaje natural
- Sensores
- Robótica
- Realidad ampliada y metaverso
- Internet de las cosas y *blockchain*

La robótica también imita los movimientos y acciones humanas, capacitando a los robots para realizar tareas como caminar, levantar y escalar, para asistir a los humanos en actividades físicamente exigentes.

La imaginación humana, una capacidad distintiva que permite comprender conceptos e ideas abstractas sin forma física, también ha inspirado avances tecnológicos. La realidad extendida, que abarca la realidad aumentada, la realidad virtual y la realidad mixta, tiene como objetivo replicar esta imaginación humana creando experiencias inmersivas que fusionan los mundos físico y digital. De manera similar, el metaverso también se inspira en la imaginación humana, ya que es un espacio virtual imaginativo donde las personas pueden interactuar y explorar.

La naturaleza inherentemente social de los humanos también ha inspirado tecnologías destinadas a crear interconectividad. Por ejemplo, el internet de las cosas es un sistema que conecta diversos dispositivos y les permite comunicarse y compartir datos. Esta interconexión permite una automatización y control más eficientes y fluidos de los dispositivos. Otro ejemplo es la cadena de bloques, una base de datos distribuida que busca crear una red descentralizada de computadoras interconectadas, y permite transacciones seguras sin intermediarios.

En esencia, las tecnologías avanzadas a menudo buscan imitar habilidades humanas, ya sea replicando funciones cognitivas, facilitando comunicaciones, mimetizando los sentidos humanos, potenciando movimientos físicos, creando experiencias imaginativas o fomentando la interconectividad. Estas tecnologías, por lo tanto, ofrecen nuevas posibilidades para la interacción natural entre humanos y máquinas con características humanas, que incluyen comandos de voz, reconocimiento facial y gestos con las manos.

Un campo emergente que puede aprovechar estos avances tecnológicos es la informática espacial, que permite a los humanos interactuar con máquinas y contenido digital dentro de un espacio físico. Mientras que las interacciones basadas en pantallas siguen siendo relevantes, la informática espacial ofrece formas más naturales de interactuar con la tecnología.

Por ejemplo, la mera presencia de una persona puede activar dispositivos. Esto es evidente en hogares inteligentes, donde la presencia de los residentes puede ajustar de manera automática la iluminación y la temperatura sin necesidad de controladores táctiles. Como alternativa, los residentes pueden utilizar comandos de voz preestablecidos o aplaudir para cambiar la ambientación de la habitación.

Los avances en la informática espacial han mejorado aún más la convergencia de experiencias físicas y digitales. Imagina aplicaciones similares en experiencias minoristas, donde los clientes que ingresan a una tienda son detectados por varios sensores que generan notificaciones en sus teléfonos móviles. Las cámaras de reconocimiento facial también pueden identificar el perfil demográfico de los visitantes de la tienda, lo que lleva a que una pared led se ilumine y recomiende promociones personalizadas para el día.

Este tipo de marketing experiencial es lo que llamamos marketing espacial, donde los especialistas en marketing aprovechan la informática espacial para presentar productos y ofrecer promociones dentro de un entorno físico interactivo. Les permite agregar experiencias virtuales en 3D al espacio físico, permitiendo a los usuarios interactuar con entornos que cuentan con elementos digitales. Una excelente ilustración del marketing espacial es la reciente patente de Disney para un simulador de mundo virtual para implementar en lugares del mundo real como parques temáticos, hoteles y cruceros. Esta tecnología innovadora permite a Disney monitorear los movimientos de sus visitantes y proyectar contenido multimedia en superficies y objetos en 3D a medida que los visitantes se acercan. Como resultado, los visitantes pueden interactuar con personajes de Disney en hologramas en 3D mientras exploran diversas atracciones del parque. Esta tecnología de vanguardia se puede clasificar como realidad aumentada, ya que superpone contenido digital a la vista del mundo real. La diferencia clave es que opera sin necesidad de dispositivos adicionales, brindando una experiencia sin fricciones para los invitados.

El marketing espacial combina la eficacia del espacio físico con el creciente atractivo de las interfaces digitales. Estas fronteras difuminadas entre los reinos físico y digital han creado una experiencia completamente fluida e inmersiva conocida como phygital. Los especialistas en marketing pueden aprovechar este enfoque para satisfacer las demandas de las jóvenes generaciones de clientes que son nativas figitales.

1. Definiendo el marketing espacial

El marketing espacial busca emular la capacidad humana de conciencia situacional, un aspecto crucial de las experiencias en persona. En entornos tradicionales de ladrillo y mortero, comprender a los clientes, proporcionar ofertas personalizadas y crear interacciones interactivas requiere intervención humana. Como resultado, los trabajadores de primera línea desempeñan un papel significativo en la toma de decisiones informadas basadas en su comprensión del entorno y los clientes a los que sirven.

Para automatizar estos procesos, el marketing espacial combina tres conceptos emergentes de marketing: marketing de proximidad, marketing contextual y marketing aumentado (véase el gráfico 9.2). El marketing de proximidad permite a los especialistas identificar la presencia de clientes en ubicaciones físicas. Al aprovechar esta conciencia espacial, se puede utilizar el marketing contextual para ofrecer contenido relevante en el momento adecuado y en la ubicación apropiada. Además, el marketing aumentado mejora las experiencias de la vida real al integrar elementos virtuales, lo que da como resultado una experiencia general del cliente más cautivadora e inmersiva.

GRÁFICO 9.2 ¿Qué es el marketing espacial?

Identificar la ubicación del cliente
y ofrecer contenidos a medida

MARKETING
DE PROXIMIDAD

MARKETING
ESPACIAL

MARKETING
CONTEXTUAL

MARKETING
AUMENTADO

Ofrecer el producto adecuado en el
momento y en el lugar adecuados

Experiencias digitales
en entornos físicos

Al combinar estos enfoques, los especialistas en marketing pueden replicar la conciencia situacional de los trabajadores de primera línea utilizando tecnologías digitales. En consecuencia, esto no solo mejora las experiencias del cliente haciéndolas más novedosas, sino que también permite la entrega consistente y escalable de experiencias.

Marketing de proximidad

El éxito del marketing espacial se basa en la capacidad de habilitar espacios físicos mejorados digitalmente para reconocer a los clientes cercanos e iniciar interacciones significativas con ellos. Es aquí donde entra en juego el marketing de proximidad, que sirve como una herramienta poderosa para que los especialistas en marketing identifiquen la ubicación precisa de los clientes y entreguen contenido personalizado en consecuencia.

El marketing de proximidad utiliza tecnologías basadas en la ubicación, como *geofencing* (o geocercas, creación de un perímetro virtual para un área geográfica), wifi y balizas *bluetooth*, para detectar la ubicación de los clientes. Estas tecnologías señalan con precisión sus ubicaciones al conectarse con los dispositivos de los clientes, como teléfonos móviles.

En entornos minoristas, las empresas también pueden determinar la ubicación de los clientes cuando estos utilizan sus teléfonos móviles para escanear códigos de respuesta rápida (QR) o interactuar con etiquetas de comunicación de campo cercano (NFC) colocadas en secciones específicas para acceder a información del producto. Como resultado, muchos minoristas incorporan códigos QR en las etiquetas de los productos o los equipan con chips NFC.

Otro enfoque para determinar la presencia de un cliente en un lugar específico implica el uso de tecnología de reconocimiento facial impulsada por inteligencia artificial. Por ejemplo, algunos minoristas utilizan cámaras de detección facial que solo pueden identificar perfiles demográficos de los clientes, como los refrigeradores inteligentes en Walgreens, que deducen la edad y el género de los compradores para recomendar bebidas frías específicas. Por otro lado, Bestore, una cadena de *snacks* en China, utiliza la tecnología de reconocimiento facial de Alibaba para identificar individuos específicos en su base de datos y recomendar productos según sus compras históricas.

El uso de cámaras impulsadas por inteligencia artificial permite a las empresas detectar el estado de ánimo y las emociones de los clientes mediante el análisis de sus expresiones faciales y lenguaje corporal. Esto es útil para ofrecer anuncios dirigidos con el tono adecuado para los estados mentales de los clientes. Por ejemplo, muchos carteles digitales fuera del hogar están equipados con cámaras para detectar el perfil demográfico y el estado de ánimo de la audiencia y personalizar los anuncios mostrados.

Por ejemplo, JCDecaux, una empresa de publicidad OOH, ha creado un cartel digital en Australia que puede detectar expresiones faciales y estimar las emociones de los transeúntes. Esta tecnología innovadora se utilizó en la campaña Fix your Hanger para Yoplait Yoghurt Smoothie. Los carteles determinan el estado de ánimo de la audiencia y entregan vales adecuados según sus emociones.

Sin embargo, abordar las preocupaciones de privacidad asociadas con el marketing de proximidad es crucial. Debería operar en un modelo basado en el permiso, permitiendo a los clientes otorgar o negar a las empresas la capacidad de rastrear sus ubicaciones o almacenar su información facial. Cuando se implementa teniendo en cuenta estas consideraciones éticas, el marketing de proximidad permite a los especialistas en marketing ofrecer ofertas más efectivas.

Muchos minoristas, incluyendo Walmart, Target, Kroger, Macy's y CVS, han adoptado el marketing de proximidad debido a su amplio rango de usos, especialmente en la entrega de mensajes publicitarios específicos de la ubicación cercana y dentro de sus ubicaciones físicas. Un beneficio destacado es la capacidad para atraer tráfico a las tiendas. Los clientes en proximidad a una tienda pueden recibir notificaciones en sus aplicaciones de teléfonos inteligentes sobre ofertas promocionales y direcciones hacia la tienda.

Además, el marketing de proximidad facilita la publicidad en la tienda. Los minoristas pueden rastrear a los clientes mientras navegan por diferentes pasillos y secciones de la tienda. Cuando los minoristas detectan que los clientes pasan más tiempo en una ubicación específica, lo que indica interés en un producto específico, pueden entregar automáticamente promociones personalizadas. Estas ofertas específicas de ubicación han demostrado ser más efectivas para impulsar la conversión de compras.

El marketing de proximidad también desempeña un papel significativo en el descubrimiento de productos y ayuda a los clientes con la navegación en la tienda. Los minoristas pueden integrar el marketing de proximidad en sus aplicaciones móviles, creando mapas digitales en la tienda que facilitan a los clientes localizar artículos específicos en sus listas de compras y ver su proximidad en tiempo real a esos productos. Además, el marketing de proximidad permite a los minoristas obtener información valiosa sobre el comportamiento del cliente, como el tiempo que pasan en la tienda, las rutas tomadas dentro de la tienda y la efectividad de las promociones en la tienda. Esta información resulta útil para que los minoristas mejoren los surtidos de productos, perfeccionen los diseños y exhibiciones visuales de la tienda y diseñen promociones de productos más efectivas.

Marketing contextual

Otro aspecto crucial del marketing espacial es la implementación de interacciones personalizadas, comúnmente conocidas como marketing contextual. Esta estrategia se utiliza con frecuencia en la publicidad en línea, donde los anuncios se adaptan al contenido de la página web que está siendo vista por la audiencia.

Para lograr esto, un sistema de marketing contextual utiliza un algoritmo que comprende el entorno en línea en el que la audiencia está involucrada. Al analizar el contenido que están consumiendo, el sistema identifica y presenta inventarios de anuncios que coinciden con los temas de ese contenido. Por ejemplo, los espectadores de un vídeo de reseña de automóviles pueden ver comerciales de accesorios para automóviles, mientras que los lectores de un sitio de noticias deportivas pueden encontrarse con anuncios de una tienda de artículos deportivos.

Con la integración de tecnologías digitales en espacios físicos a través del marketing espacial, ahora es posible implementar el marketing contextual en entornos del mundo real. El marketing de proximidad juega un papel crucial en recopilar información extensa sobre los clientes, incluyendo sus identidades, demografía, ubicación actual y comportamientos de compra. Para enriquecer estos datos, las empresas pueden integrar bases de datos adicionales para permitir que la inteligencia artificial en el *back end* comprenda mejor el contexto real.

Una vez que se identifica la identidad del cliente, la inteligencia artificial puede acceder a la base de datos del programa de lealtad para recuperar sus datos de compra históricos. Utilizando algoritmos de inteligencia artificial, las empresas pueden comprender la relación del cliente con ellas y evaluar el potencial de oportunidades de venta cruzada y *upselling*. Las empresas pueden sugerir los productos más adecuados y contenido relevante basándose en este análisis.

Por ejemplo, un minorista de comestibles puede predecir qué productos de uso regular agotará cada comprador y cuándo lo hará, según sus compras anteriores, y sugerir estos artículos para reponer existencias. Además, pueden recomendar productos que se complementen entre sí. Una tienda de artículos deportivos puede sugerir una lata de pelotas de tenis a clientes que hayan comprado raquetas. De manera similar, una tienda por departamentos puede ofrecer productos de protector solar para niños a clientes que hayan comprado pañales de natación.

Además, las empresas pueden incorporar información ambiental externa, como eventos actuales, hora del día y condiciones climáticas. Por ejemplo, algunas tiendas y unidades de servicio de McDonald's utilizan carteles de menú digitales que cambian dinámicamente según el tráfico, la hora del día y el clima. El menú mostrará elementos apropiados para el clima, como McFlurries y batidos durante el clima cálido, y capuchino o chocolate caliente durante el clima frío. Cuando los clientes ordenan algo salado, el menú podría recomendar un refresco para equilibrarlo. Durante los períodos de mayor tráfico, la pantalla podría ofrecer un menú rápido para agilizar el servicio y minimizar los tiempos de espera en el *drive-through*.

En el pasado, brindar una experiencia contextual en espacios físicos dependía de la capacidad del personal de primera línea para leer a sus clientes prestando atención a sus necesidades y señales no verbales. Algunos miembros del personal podrían reconocer a los clientes y tener interacciones previas, lo que les permite brindar un servicio personalizado. Los miembros del personal también necesitan conocer los productos para recomendar los mejores a los clientes. Sin embargo, a pesar de su efectividad, este enfoque no es eficiente.

En la actualidad, esta práctica se puede automatizar, permitiendo la personalización a gran escala.

Marketing aumentado

A medida que las empresas dan prioridad a las experiencias en persona, recurren cada vez más a la informática espacial para elevar el recorrido del cliente dentro de los espacios físicos. Al aprovechar la informática espacial, las empresas pueden introducir una capa adicional de participación digital que complementa la experiencia física. Este concepto se llama marketing aumentado.

Un enfoque práctico para lograr esto es utilizar la tecnología para enriquecer la experiencia del producto, sabiendo que, ahora, los clientes valoran más los aspectos experienciales que los propios productos. Un ejemplo destacado es el uso de la realidad aumentada por parte de minoristas de belleza y moda, que permite a los clientes probar productos de maquillaje y ropa virtualmente mientras compran en línea. A través de esta tecnología, los clientes pueden visualizar cómo aparecen diferentes productos en sus cuerpos, facilitando su proceso de toma de decisiones.

Los minoristas también han extendido esta experiencia inmersiva a sus tiendas físicas. Por ejemplo, Sephora ha implementado capacidades de prueba virtual para labiales, sombras de ojos y delineadores. Esto permite a los clientes explorar una gama más amplia de productos antes de seleccionar los que desean probar en persona, simplificando el proceso de selección. Además, este enfoque ofrece una forma educativa y entretenida para que los clientes descubran productos que mejor se adapten a sus preferencias, incrementando en última instancia su disposición a pagar.

Las empresas también pueden mejorar la participación de los clientes en la tienda al fomentar la interacción con el espacio físico. Por ejemplo, los minoristas pueden introducir experiencias de gamificación como cacerías del tesoro, donde los clientes acumulan puntos al interactuar con diferentes secciones de la tienda. Además, las pantallas digitales interactivas con tecnología táctil o de control por gestos permiten a los clientes interactuar con contenido digital dentro de la tienda.

Un ejemplo destacado de este enfoque es la tienda social de Burberry en China, que integra de manera fluida las redes sociales en la experiencia en la tienda. La marca de lujo incentiva a los clientes a usar WeChat, una plataforma de redes sociales popular, para explorar los productos de la tienda, cada uno equipado con etiquetas de códigos QR escaneables. Cuando los clientes escanean estas etiquetas, pueden acceder a contenido narrativo del producto en las pantallas digitales de la tienda y en sus propios dispositivos móviles. Además, los clientes ganan puntos con cada actividad interactiva, que pueden canjear por varios beneficios.

La tienda también cuenta con una ventana de tienda interactiva que no solo muestra la colección de moda de la marca, sino que también se adapta a la forma del cuerpo del comprador y responde a sus movimientos. Esta pantalla dinámica crea una experiencia visual única y personalizada que los compradores pueden capturar y compartir en sus plataformas de redes sociales, extendiendo el alcance de la marca y creando una sensación de exclusividad.

Selfridges en Londres es otro ejemplo de marketing aumentado. Han transformado las tradicionales exhibiciones de maniquíes comúnmente vistas en tiendas de moda. En lugar de eso, su ventana de tienda utiliza tecnología digital. Los escaparates digitales muestran representaciones artísticas en 3D de los productos vendidos en la tienda. Además, el escaparate se puede comprar, lo que permite a los clientes comprar directamente escaneando códigos QR de los artículos destacados.

El marketing espacial permite a las empresas ofrecer interacciones físicas que se ven potenciadas con experiencias digitales. Proporciona una experiencia completamente inmersiva para el cliente, permitiendo la interacción con productos y elementos en tiendas físicas. Al incorporar una capa virtual, las empresas mejoran el recorrido del cliente, haciéndolo más conveniente, entretenido e interactivo.

2. Implementación del marketing espacial

Para integrar con éxito experiencias digitales en entornos de venta al por menor físicos, las empresas deben seguir un proceso de tres pasos (véase el gráfico 9.3). Primero, deben comprender los puntos problemáticos de los clientes. Estos puntos problemáticos a menudo incluyen dificultades en el descubrimiento de productos y un proceso de compra tedioso. Observando estos desafíos, las empresas pueden identificar oportunidades para mejorar la experiencia del cliente.

El siguiente paso es determinar cómo el marketing espacial puede abordar estos puntos problemáticos. Los especialistas en marketing pueden inspirarse en el comercio electrónico y aplicar herramientas digitales como códigos QR, realidad aumentada y sensores de proximidad para mejorar el descubrimiento de productos y crear experiencias atractivas. Sin embargo, evaluar la viabilidad y deseabilidad de estas soluciones es crucial antes de implementarlas. Las empresas deben evaluar sus capacidades, recursos y retorno de inversión, al tiempo que aseguran que estas experiencias digitales proporcionen valor a los clientes.

GRÁFICO 9.3 Tres pasos del diseño de marketing espacial

Una vez que se establece la viabilidad y deseabilidad, las empresas pueden implementar experiencias espaciales, comenzando con proyectos piloto. Este enfoque iterativo permite a los especialistas en marketing encontrar el mejor equilibrio entre ofrecer experiencias excepcionales al cliente y lograr excelentes resultados financieros.

Comprender los puntos problemáticos del cliente

Muchas empresas adoptan la tecnología solo para parecer modernas y ofrecer una experiencia única. Sin embargo, es importante reconocer que el propósito principal de adoptar la tecnología siempre debe ser abordar los problemas de los clientes. De manera similar, al integrar experiencias digitales en interacciones físicas, es crucial comenzar identificando los desafíos que enfrentan los clientes y luego elaborar estrategias sobre cómo la tecnología puede resolver esos problemas de manera eficaz.

Las empresas deben comenzar observando las deficiencias de los puntos de contacto puramente físicos. En entornos físicos, el obstáculo más común es la dificultad para descubrir productos. La mayoría de los clientes tienen problemas para encontrar artículos específicos, especialmente en minoristas con grandes surtidos de productos.

El comercio electrónico aborda este problema mediante la implementación de una función de búsqueda y recomendaciones personalizadas. Una herramienta de búsqueda robusta ayuda a los clientes con artículos específicos en mente, permitiéndoles localizar y realizar compras rápidamente. Por otro lado, las recomendaciones personalizadas atienden a clientes que están navegando sin necesidades particulares, sugiriendo productos relevantes según sus intereses.

En consecuencia, los clientes que compran en línea no enfrentan las mismas dificultades para descubrir productos, incluso cuando se enfrentan a un amplio surtido. Por lo tanto, integrar experiencias digitales que reproduzcan el proceso de descubrimiento de productos en el comercio electrónico puede beneficiar a los clientes. Además, implementar estas características digitales tiene sentido para las empresas, ya que mejora la experiencia general del cliente y su satisfacción.

Otro punto problemático común es el tedioso proceso de compra asociado con las compras en persona. En algunas categorías, como comestibles regulares, los clientes buscan conveniencia ya que generalmente se considera una tarea. Por lo tanto, buscan completar sus compras lo más rápido posible con la menor molestia posible.

Por otro lado, los clientes buscan algo emocionante y atractivo en diferentes categorías, como moda, electrónicos de consumo y muebles. Entra en juego el concepto de *retail therapy* (terapia de compras), que puede hacer que las personas se sientan más felices al proporcionar una percepción de control y estimular sus sentidos. Sin embargo, incluso en estas categorías, el proceso de compra suele resultar aburrido y transaccional. Además, a pesar de poder tocar y sentir los productos, los clientes enfrentan dificultades para acceder a información adicional y comparar productos, como lo harían en las compras en línea.

Otro punto de fricción significativo en el recorrido del cliente en la tienda es el proceso de pago que consume tiempo, donde las colas y los tiempos de espera a menudo frustran a los clientes. Esto contrasta con el comercio electrónico, donde la experiencia de pago es libre de problemas e instantánea. La pandemia, que familiarizó a los clientes con las compras en línea, aumentó sus expectativas de que cualquier transacción se procese con rapidez.

Es importante tener en cuenta que los puntos problemáticos de los clientes pueden variar en diferentes industrias y empresas. Comprenderlo es crucial para determinar las prioridades de mejora. Esta comprensión guiará a los especialistas en marketing en el diseño de la mejor experiencia del cliente que integre de manera fluida los puntos de contacto físicos y digitales.

Identificar oportunidades de marketing espacial

El siguiente paso implica determinar cómo el marketing espacial puede abordar puntos problemáticos específicos del cliente. Dado que muchos de estos puntos problemáticos surgen de las crecientes expectativas de los clientes en las experiencias de compra en línea, los especialistas en marketing pueden inspirarse en el comercio electrónico y aplicarlo a los canales físicos. Los especialistas en marketing deben explorar diversas soluciones y evaluar sus cualidades. Por ejemplo, si el punto problemático se relaciona con el descubrimiento de productos, se pueden emplear herramientas digitales para ayudar a los clientes a encontrar productos. Soluciones simples pueden incluir la incorporación de códigos QR en los productos o la introducción de experiencias de realidad aumentada para mejorar el proceso de descubrimiento de productos. Otra solución es utilizar sensores de proximidad para guiar a los clientes en la navegación por la tienda, ofreciendo recomendaciones a medida que se acercan a secciones específicas o ayudándoles a localizar productos con precisión.

Para garantizar una experiencia sin problemas, es esencial contar con una aplicación móvil que tenga todas estas características. La aplicación debe tener un modo en la tienda que permita a los clientes escanear códigos QR y acceder a funciones de RA. Además, debe integrarse con sensores en la tienda para facilitar el marketing de proximidad y la navegación en la tienda.

Alternativamente, si la frustración del cliente proviene de un deseo de experiencias atractivas, los especialistas en marketing deben considerar incorporar elementos divertidos dentro de la tienda. Esto se puede lograr mediante la gamificación en la tienda o *displays* interactivos. Por ejemplo, los minoristas de moda pueden utilizar probadores virtuales para proporcionar a los clientes experiencias más emocionantes y novedosas al seleccionar la ropa que mejor les queda.

Cuando el desafío radica en el proceso de pago y salida, las soluciones potenciales pueden incluir la implementación de puntos de pago autoservicio donde los clientes pueden escanear su carrito de compras y pagar automáticamente con métodos de pago preguardados. Una solución más avanzada podría implicar la adopción del sistema de pago *just walk out* de Amazon, que permite a los clientes seleccionar artículos, salir de la tienda y que se les cargue el método de pago después de salir.

Los especialistas en marketing deben evaluar la viabilidad de las soluciones. Deben determinar si sus empresas tienen las capacidades y recursos necesarios para desarrollar estas soluciones digitales que guían a los clientes a lo largo de sus recorridos en la tienda. Además, deben evaluar el retorno de inversión de instalar estas infraestructuras tecnológicas. Además, es igualmente crucial evaluar si a los clientes les resulta deseable utilizar y participar en estas experiencias digitales. Los especialistas en marketing deben asegurarse de que estas soluciones no generen nuevos puntos problemáticos, sino que proporcionen valor a los clientes.

Implementar experiencias espaciales

Evaluar la deseabilidad de las experiencias espaciales a menudo es desafiante para las empresas, ya que requiere experimentar con soluciones digitales. Para determinar si estas nuevas experiencias del cliente serán exitosas y justificarán sus inversiones, las empresas deben dar un salto y realizar inversiones iniciales para establecer la infraestructura necesaria.

El desarrollo de infraestructura para experiencias espaciales integrales puede ser una empresa costosa. Por ejemplo, el marketing espacial implica el desarrollo de una infraestructura de sensores inteligentes, que puede entrañar la instalación de varias tecnologías como balizas o cámaras de reconocimiento facial en toda la tienda. Estos sensores desempeñan un papel crucial en la captura de datos y en la provisión de experiencias personalizadas a los clientes. Sin embargo, instalar y mantener dicha infraestructura requiere un compromiso financiero significativo.

De manera similar, incorporar pantallas interactivas, como escaparates digitales de tiendas o probadores virtuales, también demanda recursos financieros sustanciales. Estos elementos inmersivos mejoran la experiencia del cliente al ofrecer formas innovadoras de interactuar con los productos. Sin embargo, su instalación involucra gastos en *hardware*, *software* y creación de contenido. Dada la alta inversión requerida, es comprensible que muchas empresas enfoquen la implementación de soluciones de marketing espacial con cautela. Para mitigar el riesgo y controlar los gastos, las empresas a menudo optan por probar sus respuestas a pequeña escala y suelen comenzar con sus tiendas insignia. Estas tiendas representan la identidad de la marca y sirven como escaparate para nuevas iniciativas. Al probar las experiencias espaciales en estas tiendas, las empresas pueden evaluar la respuesta del cliente y obtener información valiosa antes de escalar a un número más significativo de ubicaciones.

La fase piloto permite a las empresas evaluar la eficacia de la infraestructura y el impacto de las experiencias espaciales en el comportamiento del cliente. Proporciona una oportunidad para ajustar la tecnología, abordar cualquier desafío que surja y tomar decisiones basadas en datos según la retroalimentación recibida. Este enfoque iterativo ayuda a las empresas a optimizar sus inversiones y alinear sus estrategias con las preferencias y expectativas de su audiencia objetivo.

En última instancia, el objetivo es encontrar un equilibrio entre la innovación y la viabilidad financiera. Al probar las experiencias espaciales en ubicaciones selectas, las empresas pueden recopilar evidencia de su deseabilidad y evaluar si los beneficios potenciales superan los costos. Este enfoque prudente permite a las empresas tomar decisiones informadas y expandir con confianza las iniciativas de marketing espacial en toda su presencia minorista.

RESUMEN. OFRECER INTERACCIONES NATURALES ENTRE HUMANOS Y MÁQUINAS

En las últimas décadas, la forma en que los humanos interactúan con las máquinas se ha trasladado a las pantallas táctiles, y con el avance de la tecnología, las máquinas emulan cada vez mejor las capacidades humanas. El marketing espacial aprovecha esta tendencia al integrar interacciones físicas con experiencias digitales intuitivas.

La computación espacial potencia el marketing de proximidad, lo que permite a los especialistas en marketing detectar la presencia de los clientes y entregar mensajes personalizados. También aprovecha el marketing contextual, que permite ofrecer a los clientes propuestas de valor personalizadas impulsadas por la inteligencia artificial. En última instancia, el marketing espacial se trata de combinar experiencias físicas y digitales al aumentar el mundo real con contenido e interacciones digitales.

PREGUNTAS DE REFLEXIÓN

- ¿Cómo puede su empresa aprovechar el marketing espacial para mejorar las experiencias del cliente dentro de ubicaciones físicas? Por ejemplo, ¿cómo establece la infraestructura necesaria para identificar a los clientes y ofrecer ofertas personalizadas? Además, ¿qué experiencias digitales puede integrar en el espacio físico?

- ¿Cómo garantiza que las preocupaciones de privacidad se aborden de manera efectiva durante la recopilación y el análisis de datos de clientes para el marketing espacial? ¿Cuáles son algunos de los otros desafíos que pueden surgir durante la implementación del marketing espacial?

CAPÍTULO 10

MARKETING DEL METAVERSO

Experimentando con la participación
de próxima generación

Numerosas marcas han adoptado el marketing dentro del metaverso, aprovechando las oportunidades únicas que ofrece para involucrar a los clientes en un espacio virtual tridimensional. Esta forma de marketing se percibe como un enfoque fresco que va más allá del marketing tradicional bidimensional en redes sociales y otras plataformas de contenido. Dentro de los mundos virtuales, las marcas pueden explorar esfuerzos creativos notablemente innovadores que de otra manera serían imposibles en espacios físicos, como organizar un concierto de solo diez minutos u ofrecer zapatillas personalizables al instante.

Además, el metaverso es una plataforma poderosa para cautivar a una audiencia emergente, específicamente a demografías más jóvenes que están muy acostumbradas a la exploración virtual. Para los nativos del metaverso, como las generaciones Z y alfa, pasar períodos prolongados en mundos virtuales es una experiencia familiar y natural. Para ellos, el metaverso representa una fusión inmersiva de videojuegos y redes sociales. Para mantenerse relevantes en la próxima década, las marcas que ingresan al metaverso deben tener una parte significativa de su base de clientes existente compuesta por las generaciones Z y alfa, o interactuar con estas demografías para asegurarlos como futuros clientes. Por lo tanto, estas marcas deben identificar las intersecciones entre los nativos del metaverso y su audiencia deseada. Solo deberían establecer una presencia en el metaverso si esta superposición es lo suficientemente grande como para justificar las inversiones necesarias.

Algunas marcas parecen subirse al carro del metaverso solo por miedo a perderse algo. Cuando el entusiasmo inicial en torno al metaverso disminuye, estas marcas se ven perdidas e inseguras. Ante las difíciles condiciones económicas, optan por reducir sus inversiones en marketing metaverso. Sin unos objetivos claros y una hoja de ruta bien definida, estas marcas corren el riesgo de malgastar recursos en busca de beneficios a corto plazo.

En capítulos anteriores, hemos establecido que el metaverso es, en efecto, una inversión a largo plazo para las marcas y que puede no producir resultados inmediatos. Sin embargo, hay pruebas abrumadoras que sugieren que el metaverso tiene un inmenso potencial. El movimiento está alineado con los cambios demográficos hacia las generaciones más jóvenes. Además, las tendencias digitales y las tecnologías habilitadoras convergen hacia el marketing inmersivo, lo que lo convierte en un camino inevitable para las empresas. Algunas marcas siguen comprometidas con el metaverso, esforzándose por convertirse en pioneras en este ámbito emergente. Conocen bien los factores clave del éxito (véase el gráfico 10.1). Saben que el marketing metaverso no pretende sustituir al marketing tradicional en espacios físicos, sino completarlo. En consecuencia, integran sus iniciativas metaversas en sus estrategias de marketing actuales, garantizando la sostenibilidad de sus esfuerzos de marketing metaverso.

Las marcas de éxito en el metaverso se centran en atraer a las comunidades metaversas existentes, como las que se encuentran en Roblox y Fortnite. Estas comunidades de jóvenes jugadores y creadores ya han establecido un próspero ecosistema dentro del metaverso. Como resultado, los esfuerzos de marketing dirigidos a estas comunidades han demostrado ser eficaces, ganando tracción y generando un interés significativo. Sin embargo, atraer a nuevos usuarios plantea más retos.

GRÁFICO 10.1 Factores clave del éxito del marketing metaversal

Las campañas de marca de éxito en el metaverso hacen hincapié en la simplicidad para atraer a nuevos clientes. Eliminan la necesidad de dispositivos costosos, como cascos y mandos de realidad virtual, y hacen que la participación sea accesible a través de cualquier ordenador o dispositivo conectado a internet.

Asimismo, las marcas se dirigen a nuevos usuarios que quizá no sean ávidos jugadores ofreciendo experiencias que dan prioridad a las conexiones sociales, permitiendo a los usuarios interactuar y conectar con otros en entornos virtuales similares a las plataformas de las redes sociales. Además, la popularidad de la ropa virtual para avatares se ha disparado debido a su sencillez.

Estas marcas de éxito también reconocen que el metaverso, especialmente la versión descentralizada, puede sufrir un problema de imagen asociado a los tokens no fungibles y las criptodivisas (como se explica en el capítulo 5), que tienen una percepción desfavorable. Aunque aprovechan la tecnología *blockchain* en sus venturas metaversas, la mayoría de las marcas que lanzan con éxito productos virtuales se abstienen de etiquetar explícitamente sus colecciones como NFT, sobre todo, debido a la percepción negativa que las rodea.

Algunas de estas marcas optan incluso por evitar por completo los metaversos descentralizados y se decantan por las versiones centralizadas, más aceptadas.

Por encima de todo, las empresas que han experimentado con éxito en el metaverso siguen una hoja de ruta bien definida. Empieza por comprender al público objetivo (sus motivaciones y objetivos) dentro de este reino virtual. Al comprender estos factores, las marcas pueden adaptar sus ofertas para satisfacer las necesidades específicas de estos clientes, creando valor real en lugar de limitarse a seguir las tendencias. Las marcas también deben seleccionar con cuidado el medio de implementación más adecuado, teniendo en cuenta las diversas opciones metaversas disponibles, cada una con sus características y estructuras de gobierno (véase el gráfico 10.2).

GRÁFICO 10.2 Tres pasos del marketing metaversal

Comprender las motivaciones de los clientes en el metaverso

Diseñar cómo participar en el metaverso

Seleccionar la vía de implantación más adecuada

1. Entender las motivaciones del cliente en el metaverso

Para la mayoría de las generaciones jóvenes, el metaverso sirve de refugio virtual frente a los retos del mundo real. Muchos también ven el metaverso como una oportunidad para conectar con otros y participar en interacciones sociales con una sensación de libertad. Además, un número creciente de usuarios considera el metaverso una alternativa viable a las plataformas convencionales de comercio electrónico. Por último, un grupo de creadores percibe el metaverso como una plataforma para obtener beneficios económicos, utilizando mecanismos de jugar para ganar, creando productos virtuales y participando en la economía de los creadores del metaverso (véase el gráfico 10.3).

GRÁFICO 10.3 Motivaciones de los clientes para participar en el metaverso

El metaverso como vía de escape

A veces, la vida cotidiana puede resultar un poco abrumadora. Es entonces cuando la gente busca un breve escape de sus rutinas y se dedica a actividades como jugar a videojuegos, desplazarse por las redes sociales o hacer viajes.

El metaverso combina todos estos aspectos agradables: los usuarios pueden jugar, explorar contenidos e incluso viajar dentro de él. Es una forma perfecta de tomarse un respiro y ofrece una distracción bienvenida del estrés de la vida cotidiana. Una encuesta mundial realizada por Oliver Wyman confirmó que el 41 % de los usuarios citaba una experiencia divertida como la razón clave por la que participaban en el metaverso.

El metaverso es, en efecto, un espacio divertido y relajante donde los individuos pueden expresarse libremente utilizando avatares. Pueden elegir su aspecto y decidir cómo pasar el tiempo sin preocuparse de lo que piensen los demás. Es como poder encarnar mejores versiones de sí mismos.

El metaverso es una experiencia inmersiva en la que los jugadores se sienten parte de un mundo virtual. Les da un sentido y un significado mientras navegan por él. Así, la gente puede perderse en el metaverso durante horas, para volver al día siguiente y continuar donde lo dejó. Además, el metaverso añade emoción al incorporar elementos de los juegos de rol, como misiones y competiciones. A diferencia de los videojuegos complejos, el metaverso suele seguir un modo de juego más sencillo. Esta sencillez es esencial, ya que proporciona una sensación de logro y desafío que mantiene enganchados a los jugadores.

Uno de los aspectos destacables del metaverso es que permite una imaginación sin límites. Abre infinitas posibilidades y lleva a los usuarios a lugares nuevos y emocionantes. Está diseñado para reflejar el mundo físico, pero también da libertad para inventar y soñar a lo grande. Además, el metaverso permite a las personas desarrollar habilidades y perseguir intereses creativos que quizá no tengan la oportunidad de explorar en la vida real. Ya se trate de convertirse en un empresario de éxito, un arquitecto imaginativo, un programador experto o un cazador aventurero, el metaverso ofrece vías para ello.

El metaverso como espacio para conectar

Otra razón que motiva a la gente a utilizar el metaverso es establecer relaciones con otras personas. Aproximadamente el 26 % de los nativos del metaverso buscan conectarse cuando participan en él (Oliver Wyman). Sin embargo, es importante destacar que el metaverso no pretende sustituir a las interacciones personales a la hora de establecer relaciones. Por el contrario, representa la siguiente fase de la comunicación digital.

Sin duda, el metaverso ofrece la mayor aproximación a las interacciones de la vida real dentro del ámbito digital. Mientras que las redes sociales permiten una comunicación asíncrona, con conversaciones que pueden pausarse y reanudarse a voluntad, el metaverso funciona según un modelo de interacción síncrona, facilitando los intercambios entre individuos en tiempo real. En el metaverso, las personas pueden compartir experiencias simultáneamente.

Aunque la mensajería instantánea también permite la comunicación sincrónica, el metaverso se distingue por ofrecer un entorno tridimensional en el que las personas pueden socializar en entornos virtuales. Estos entornos inmersivos ofrecen una auténtica sensación de presencia social, incorporando apariencias, lenguaje corporal y conciencia espacial, lo que da lugar a un mayor nivel de inmersión. En esencia, el metaverso puede verse como un internet habitable en la que los encuentros con los demás se producen gracias a la proximidad del usuario dentro del espacio virtual.

Las comunidades prosperan en el metaverso debido a un fenómeno conocido como multiplexidad mediática. Este concepto afirma que los individuos con fuertes lazos tienden a conectarse a través de diversos métodos de comunicación, especialmente canales digitales. Como resultado, las comunidades que ya comparten relaciones estrechas a través de otros medios gravitan naturalmente hacia el metaverso. Además, el metaverso contribuye a estrechar los lazos entre los miembros de la comunidad. Dado que el metaverso implica interactuar en diferentes espacios con historias o juegos específicos, los usuarios suelen colaborar en la navegación por estos entornos. Cada individuo asume un papel único en la persecución de objetivos comunes, lo que fomenta un sentimiento más profundo de conexión y colaboración.

Metaverso para comprar cómodamente

Del mismo modo que las redes sociales se transformaron en una plataforma para el comercio social, y permite a la gente comprar directamente en los escaparates de las redes sociales, el metaverso está a punto de convertirse en la próxima etapa de la evolución del comercio electrónico. Los metaversos actuales ya poseen sus propias economías y pueden facilitar las transacciones, permitiendo así el comercio digital dentro de sus reinos virtuales.

En el metaverso, todo el mundo puede construir sus propios espacios digitales. Por ello, las empresas están desarrollando réplicas digitales de sus tiendas físicas, transformando así el metaverso en una variante más inmersiva de una plataforma de comercio electrónico. La experiencia de compra en este reino virtual depende de las categorías de productos, pero puede ofrecer elementos muy imaginativos que superen las limitaciones de las ubicaciones físicas.

Los habitantes del metaverso ya han adoptado la idea de comprar en el reino virtual. Según un estudio de Obsess, un tercio de los clientes ha manifestado su interés por el comercio metaversal. Sin embargo, dado que no todas las categorías de productos, como alimentos y bebidas, pueden consumirse virtualmente, el comercio metaverso necesitará combinar la experiencia metaversal con puntos de contacto en el mundo real.

El metaverso permite a los usuarios realizar compras virtuales en tiendas digitales y continuar su experiencia en establecimientos físicos. Por ejemplo, los clientes pueden ganar puntos participando en juegos en restaurantes virtuales y canjearlos después por comida y bebida en establecimientos físicos.

Además, los clientes pueden sumergirse en experiencias inmersivas de prueba y personalización de productos, sobre todo, en tiendas virtuales de ropa. Los avatares-vendedores están disponibles para ayudar a los compradores a encontrar artículos y ofrecerles recomendaciones de productos en función de sus preferencias.

Una vez que los clientes encuentran los productos que desean, pueden hacer pedidos directamente en las tiendas virtuales y recibirlos en su domicilio. Integrar las experiencias metaversales con las presenciales es el modelo ideal para los nativos del metaverso.

Metaverso para obtener beneficios económicos

Los primeros en adoptar el metaverso están lejos de ser participantes pasivos, ya que muchos abrazan la misión de empoderar al cliente en Web3. En su lugar, construyen comunidades de nativos del metaverso, colaborando para construir un próspero ecosistema empresarial dentro de los mundos virtuales. Estos pioneros, como jugadores, inversores, creadores y proveedores de servicios, asumen funciones específicas dentro del ecosistema.

El metaverso les ofrece numerosas oportunidades de obtener ingresos. Por ejemplo, algunos metaversos ofrecen un modelo de jugar para ganar. En este modelo, los jugadores pueden participar en actividades específicas alineadas con la mecánica del juego, completar misiones y obtener diversas formas de moneda digital, que más tarde pueden convertirse en dinero real.

Invertir y comerciar con activos digitales es otra forma de ganar dinero en el metaverso. Por ejemplo, algunos inversores compran y venden terrenos virtuales a precios más altos. También pueden convertirlos en espacios alquilables. Este proceso es similar a la promoción inmobiliaria, pero dentro de los reinos virtuales.

El metaverso es también un paraíso para los contenidos generados por los usuarios. Los creadores se centran en crear productos virtuales, como accesorios para los avatares, que pueden venderse en los mercados metaversales.

Además, los creadores pueden desarrollar juegos dentro de metaversos establecidos y monetizarlos al cobrar por el acceso al juego y ofrecer accesorios en el juego. Además, los creadores pueden construir sus negocios diseñando espacios y vendiendo productos.

La industria de los servicios también florece en el metaverso. Los usuarios pueden organizar eventos como conciertos y seminarios, vendiendo entradas a los participantes. También pueden ofrecer visitas virtuales y vender experiencias. Además, algunos usuarios se convierten en *influencers* virtuales, recomiendan productos y servicios a sus fieles seguidores en el metaverso y ganan comisiones, de forma similar al marketing de afiliación. Estos esfuerzos comerciales dentro del metaverso proporcionan vías adicionales para obtener beneficios económicos.

2. Cómo participar en el metaverso

Al comprender los principales factores que impulsan la participación de su público objetivo en el metaverso, las empresas pueden determinar el enfoque más eficaz para entrar en este reino virtual y ofrecer propuestas de valor únicas. Esto puede incluir la introducción de objetos coleccionables de marca, la creación de experiencias publicitarias inmersivas, el establecimiento de canales de comercio *online-offline* y la implantación de programas de fidelización gamificados. Las marcas pueden emprender múltiples iniciativas metaversales, en función de los recursos de que dispongan y de sus objetivos generales (véase el gráfico 10.4).

GRÁFICO 10.4 Cómo las marcas participan en el metaverso

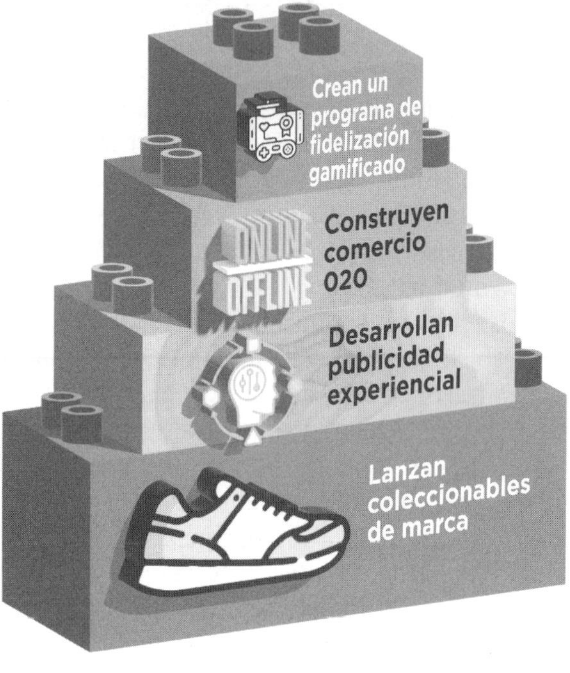

Crean un programa de fidelización gamificado

Construyen comercio O2O

Desarrollan publicidad experiencial

Lanzan coleccionables de marca

Lanzar coleccionables de marca

Para conectar eficazmente con los nativos del metaverso que buscan escapadas divertidas, las marcas pueden empezar por presentar sus artículos coleccionables de marca. Este enfoque comunica de manera eficaz la comprensión y el atractivo de la marca para el público más joven. Además, permite a las marcas exhibir su naturaleza lúdica y moderna, ya que el metaverso ofrece una oportunidad única para que los vendedores creen réplicas digitales de productos que, de otro modo, sería imposible desarrollar en el ámbito físico.

A las generaciones más jóvenes les gusta coleccionar, pero sus preferencias difieren. A la generación Y le gusta amasar colecciones que refuercen su estatus social y evoquen la nostalgia de su infancia, como zapatillas retro, cromos deportivos y juguetes del Happy Meal de McDonald's. Por otro lado, la generación Z y la generación Y son más propensas a coleccionar productos digitales y se inclinan más por coleccionar objetos centrados en experiencias. Por lo tanto, cuando se trata de coleccionables virtuales, el énfasis no debe ponerse en la propiedad, sino en el atributo experiencial.

Veamos una analogía para ilustrar esta distinción. Es posible que la generación Y haya disfrutado coleccionando cartas físicas de Pokémon a medida que crecía. En cambio, la generación Z y la alfa obtienen satisfacción de la emoción de viajar a diferentes lugares para buscar monstruos coleccionables en el juego Pokémon Go. Del mismo modo, los accesorios para avatares virtuales no consisten simplemente en poseer zapatillas y chaquetas virtuales, sino en la experiencia de personalizar los avatares para que reflejen su identidad. La generación Y tiene predilección por la exclusividad cuando se trata de objetos coleccionables, ya que están muy motivados por la escasez de artículos. Por el contrario, para la generación Z y para la alfa, el coleccionismo es como un billete de entrada para formar parte de comunidades y tribus con las mismas pasiones e intereses. Por lo tanto, prefieren coleccionables que sean más inclusivos.

Un ejemplo de marca que se ha aventurado en los coleccionables virtuales es la marca Jordan de Nike, que ha lanzado varias zapatillas virtuales como Air Jordan 1 y Air Jordan XI en Fortnite. Estos artículos virtuales van acompañados de retos interactivos en el juego en los que los jugadores pueden realizar algunas actividades para ganar *skins* de la marca Jordan.

En un metaverso descentralizado, los objetos coleccionables funcionan con NFT. Estos NFT permiten que los coleccionables incluyan derechos a diversas experiencias y membresías dentro de comunidades específicas. Piense en estos coleccionables como tarjetas virtuales de membresía. En consecuencia, los coleccionables virtuales van más allá del mero valor nominal y tienen el potencial de poseer valor en el mundo real, especialmente cuando están vinculados a experiencias físicas y compromisos comunitarios.

Un ejemplo es la comunidad virtual de Nike para entusiastas del deporte, llamada .SWOOSH, que requiere que los usuarios creen colectivamente creaciones virtuales para convertirse en miembros y acceder a eventos y experiencias de la comunidad local. Estos objetos coleccionables actúan como portales a una escapada divertida, satisfaciendo los deseos de los habitantes del metaverso tanto en el reino digital como en el físico.

Desarrollar publicidad experiencial

Dado que el mundo virtual es un reflejo del mundo real, es fácil imaginar que las oportunidades publicitarias del metaverso sean similares a las de la realidad. Imaginemos, por ejemplo, anuncios OOH en vallas publicitarias y exteriores de autobuses, pero dentro de mundos virtuales. Este tipo de publicidad dentro del juego es frecuente en los videojuegos, como la presencia de anuncios de Nissin Cup Noodles en un camión en *Final Fantasy XV,* coches Mercedes-Benz como opciones para conducir en *Mario Kart 8* o una valla publicitaria de Verizon en el juego *Alan Wake.*

Sin embargo, la publicidad en el metaverso presenta algunas diferencias. Los nativos del metaverso —la generación Y y la generación alfa— son menos receptivos a la publicidad tradicional, en la que las marcas se limitan a colocar sus logotipos y anuncios de productos en mundos virtuales. Las marcas deben adaptar su enfoque publicitario integrando puntos de contacto de marca en la experiencia inmersiva del metaverso.

A diferencia de los videojuegos convencionales, el metaverso ofrece una oportunidad única para que las marcas construyan espacios dedicados para mostrar sus productos o servicios, permitiendo a los clientes interactuar y comprometerse con las marcas de manera inmersiva. Roblox, un metaverso muy apreciado por las generaciones más jóvenes, lo ha denominado anuncios inmersivos, pues permiten a las marcas transportar a los jugadores a reinos virtuales de marca a través de portales en 3D. Un ejemplo destacado es el parque de *skate* virtual de Van's en Roblox, donde los jugadores pueden personalizar sus patinetas virtuales y vestir a sus avatares con ropa personalizada mientras disfrutan de una experiencia de *skate* dentro del parque.

De manera similar, Samsung desarrolla una experiencia de metaverso para publicitar sus productos a la generación Z al llevar *The Tonight Show* protagonizado por Jimmy Fallon a Fortnite. El entorno presenta un gemelo digital del NBC Studio 6B en Rocke-feller Plaza, la ubicación real de filmación del programa. Los juga-dores de Fortnite pueden participar en minijuegos inspirados en el programa mientras exploran el espacio virtual. Cabe destacar que los productos móviles más vendidos de Samsung se presentan de manera destacada como mejoras, permitiendo a los jugadores mejo-rar su experiencia de juego.

Los espacios de marca también sirven como medio para que las marcas proporcionen lugares donde las comunidades pue-dan reunirse y construir conexiones. Al facilitar estas conexiones sociales, las marcas optimizan la promoción de sus campañas publicitarias y establecen confianza. Un ejemplo de esto se puede ver con Home Depot, que ofrece un Taller Virtual para Niños en la popular plataforma Roblox, totalmente adoptada por la genera-ción alfa. Los participantes interesados pueden explorar la tienda virtual de Home Depot, donde los niños pueden embarcarse en una emocionante búsqueda del tesoro por los pasillos de la tienda para encontrar los materiales necesarios. Una vez recopilados, pue-den ensamblar elementos virtuales, como una casita para pájaros, un jardín de flores o un automóvil, y utilizar estas creaciones den-tro del entorno de Roblox. Este tipo de experiencia fomenta las conexiones entre los clientes y las marcas y fortalece los vínculos entre las comunidades del metaverso, lo cual resulta muy benefi-cioso para las marcas.

Desarrollar el comercio *online-to-offline* (O2O)

La limitación más significativa del metaverso es que muchas catego-rías de productos carecen de experiencias virtuales que puedan igualar la satisfacción de sus contrapartes del mundo real. Por ejemplo, las empresas de alimentos y bebidas no pueden replicar la experiencia de consumo en el metaverso. De manera similar, aunque la ropa virtual existe, no proporciona la misma sensación que llevar ropa real.

Este no es un desafío novedoso en el ámbito del comercio electró-nico. Muchos minoristas omnicanal emplean el modelo O2O como una solución para integrar de manera fluida sus experiencias digita-les y físicas. Estos minoristas atraen a posibles clientes desde canales en línea para que visiten sus tiendas físicas y completen su recorrido como clientes. Una estrategia O2O prevalente que utilizan los minoristas de comestibles y moda es el servicio compra en línea, recoge en la tienda (BOPIS).

Las marcas también pueden adoptar un enfoque O2O similar al vincular y extender las experiencias inmersivas de los clientes dentro del metaverso al mundo real. Esta estrategia resulta particularmente efectiva para atraer a las generaciones más jóvenes que pasan considerable tiempo en el metaverso y ofrecerles oportunidades para extender su recorrido al reino físico.

Un ejemplo destacado es la tienda virtual de American Girl, que ofrece dos experiencias distintas. Los niños pueden explorar visualmente los productos en exhibiciones virtuales, mientras que los adultos pueden comprar directamente desde la tienda virtual. Además, la marca ha desarrollado un museo virtual que destaca su rica herencia. La semejanza de la tienda virtual con la tienda de American Girl en Rockefeller Center genera interés y atrae a los clientes para visitar la tienda principal. Además, los visitantes de la tienda virtual también pueden hacer reservas para mesas y fiestas en el American Girl Café mediante una integración con el sistema de reservas de la tienda, permitiéndoles extender su recorrido desde el reino virtual hasta la ubicación física. Drest, un metaverso centrado en el estilo de moda, ofrece otro ejemplo convincente. Los usuarios enfrentan desafíos de estilismo relacionados con celebridades y varios eventos. Al completar estas tareas, obtienen puntos y moneda virtual que pueden usar para comprar ropa nueva dentro del metaverso. Lo que hace que Drest sea aún más realista es su colaboración con más de 250 marcas, incluidos nombres famosos como Gucci y Prada. Lo más importante es que los usuarios pueden ordenar y comprar productos reales destacados en sus estilismos virtuales directamente desde el juego, integrando de manera fluida experiencias de moda virtuales y del mundo real.

Implementar un programa de fidelización gamificado

El modelo de juego para ganar dentro del metaverso sirve como inspiración para que las marcas involucren a los clientes que buscan incentivos tangibles para sus interacciones. Las marcas pueden adoptar un programa de fidelización que integre elementos de gamificación y recompensas. Los clientes se sienten motivados a interactuar con estas marcas a través de experiencias inmersivas de juego, ganando regalos que pueden canjear en el mundo real.

Chipotle ha abrazado este concepto aventurándose en el metaverso al introducir Burrito Builder en Roblox. Los jugadores son desafiados a enrollar burritos virtuales en esta tienda virtual que recuerda la ubicación original de Chipotle en Denver, capturando la nostálgica temática de los años noventa. Como incentivo emocionante, los primeros 100 000 jugadores que completen esta tarea recibirán una moneda virtual canjeable por comida del mundo real en los restaurantes físicos de Chipotle. A través de esta campaña, Chipotle fusiona de manera efectiva el modelo de juego para ganar del metaverso con activaciones en el mundo real en sus establecimientos físicos.

Otro ejemplo convincente es Starbucks Odyssey, que ha lanzado estampillas coleccionables impulsadas por NFT para que los clientes las adquieran y canjeen por diversas experiencias digitales y físicas. Este concepto innovador comparte similitudes con el renombrado programa de lealtad de Starbucks, Starbucks Rewards, pero incorpora la tecnología NFT y experiencias inmersivas para proporcionar un giro único.

Además, el uso de la tecnología NFT permite a las empresas y comunidades de clientes cocrear productos digitales y venderlos en mercados. Esta propuesta de valor resuena con un subconjunto de nativos del metaverso motivados por la economía creadora inherente al metaverso. Las marcas que facilitan este proceso de cocreación con creadores tienen la oportunidad de forjar fuertes lazos con estos clientes activos.

La plataforma .SWOOSH de Nike ejemplifica este concepto al animar a los miembros a participar en desafíos comunitarios y desarrollar conjuntamente productos virtuales vinculados a NFT en colaboración con Nike. Esta oportunidad única permite a los creadores obtener regalías por las ventas de los productos digitales que ayudan a crear. Al adoptar esta plataforma, Nike revoluciona su proceso de diseño y fortalece su relación con los clientes que son creadores independientes. La plataforma sirve como un medio para facilitar que los creadores obtengan ingresos, satisfaciendo su motivación para participar en el metaverso.

3. Seleccionar la vía de implementación más adecuada

Cuando las marcas consideran su participación en el metaverso, planifican cuidadosamente la mejor manera de ingresar a este reino virtual (véase el gráfico 10.5). Los clientes que se encuentran con marcas familiares dentro del metaverso las perciben como pioneras e innovadoras, elevando significativamente sus expectativas. Sin embargo, en el metaverso, más grande no siempre significa mejor. En cambio, las marcas deben adoptar un tema único y diferenciado que las distinga de las experiencias existentes en el metaverso.

GRÁFICO 10.5 Implementando marketing en el metaverso

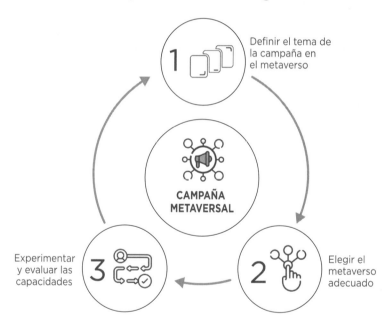

La mejor manera para que las marcas logren esto es mantener su posicionamiento de marca y narrativa general del mundo real al expandir su presencia al metaverso. Por ejemplo, Starbucks, conocido por brindar una experiencia de tercer lugar y recompensar a sus clientes leales, extiende el mismo concepto a su presencia en el metaverso. De manera similar, Home Depot, enfocado en proyectos de bricolaje DIY (hazlo tú mismo), diseña activaciones en el metaverso que giran en torno a este tema central.

También es crucial considerar la elección del metaverso. Actualmente existen numerosos metaversos y seguirán surgiendo nuevos. Algunas marcas incluso crean sus propios metaversos a menor escala. Los dos tipos existentes de metaversos, centralizados y descentralizados, ofrecen características distintas para que las marcas las aprovechen. Como se explicó antes, los metaversos centralizados aún son la opción más popular, principalmente porque no se ven afectados por los problemas de imagen asociados con los NFT y las criptomonedas.

Sin embargo, los metaversos centralizados están orientados hacia comunidades de jugadores, ya que a menudo se construyen en plataformas de juegos de construcción de mundos como Roblox, Fortnite y Minecraft. Incluso entre estas opciones, hay diferencias en los perfiles de usuarios. Por ejemplo, Roblox tiene una base de usuarios predominantemente joven, la mayoría de sus usuarios son menores de 16 años, mientras que Fortnite atrae a un grupo demográfico ligeramente mayor, con la mayoría de usuarios en edades comprendidas entre los 18 y 24 años.

Por otro lado, los metaversos descentralizados, como The Sandbox y Decentraland, ofrecen una funcionalidad mejorada debido a la implementación de la tecnología *blockchain*. Sin embargo, el uso de la tecnología *blockchain* también conlleva ciertos riesgos, ya que puede ser menos familiar para los clientes promedio. Por lo tanto, las marcas deben seleccionar el metaverso adecuado que se alinee con el perfil de usuario deseado.

Las marcas pueden experimentar con varios temas y metaversos creando campañas de tiempo limitado para medir el interés y la recepción de la audiencia. Gucci sirve como ejemplo de una marca que explora múltiples campañas en el metaverso. En primer lugar, la marca de moda de lujo presentó el Gucci Garden, un espacio virtual temporal disponible durante dos semanas en Roblox. También organizó un evento de activación de dos semanas llamado Gucci Vault Land en The Sandbox. Al final, Gucci estableció una presencia permanente en Roblox con un espacio dedicado llamado Gucci Town. Para medir el éxito de la entrada al metaverso, las marcas pueden considerar métricas como el número de usuarios que participan en la campaña, el aumento de la marca en términos de conciencia y percepción mejoradas, e incluso los ingresos incrementales generados. Después de evaluar estas métricas y determinar el modelo ideal para las activaciones en el metaverso, las marcas pueden establecer una presencia más permanente en este espacio virtual.

RESUMEN. EXPERIMENTAR CON EL COMPROMISO DE LA PRÓXIMA GENERACIÓN

El metaverso presenta una plataforma potencial para cautivar a una audiencia emergente, específicamente las generaciones Z y alfa. Para estas generaciones, el metaverso tiene diversos significados. Puede ser percibido como una divertida escapada, un espacio para fomentar conexiones con otros, una forma inmersiva de comercio electrónico o una plataforma para que los creadores de contenido moneticen sus creaciones digitales.

Al comprender las necesidades de esta audiencia, las marcas pueden determinar la experiencia óptima para ofrecer en el metaverso. Esto puede abarcar coleccionables de marca, publicidad experiencial, integración perfecta del comercio O2O y programas de lealtad con elementos de gamificación. Las marcas deben participar en la experimentación y exploración para descubrir el modelo de implementación más efectivo antes de comprometer recursos más extensos para el marketing en el metaverso.

PREGUNTAS DE REFLEXIÓN

- ¿Cuáles son algunos beneficios y desventajas potenciales del metaverso como plataforma para involucrar a la generación Z y a la alfa? ¿Cómo cree que las marcas pueden navegar estas consideraciones para crear experiencias significativas?

- ¿Su empresa está inclinada a adoptar el metaverso en una etapa temprana de su desarrollo, o prefiere esperar a que las plataformas maduren antes de establecer una presencia en el metaverso?

ACERCA DE LOS AUTORES

Philip Kotler es profesor emérito de marketing en la Kellogg School of Management, donde ocupó la Cátedra S. C. Johnson & Son de marketing Internacional. El *Wall Street Journal* lo clasifica entre los seis pensadores de negocios más influyentes. Recibió numerosos premios y títulos honorarios de escuelas de todo el mundo, tiene una maestría de la Universidad de Chicago y un doctorado del Instituto Tecnológico de Massachusetts, ambos en economía. Philip tiene una increíble presencia internacional: sus libros se han traducido a más de 25 idiomas y habla regularmente en circuitos internacionales.

Hermawan Kartajaya es el fundador y presidente de M Corp. Ha colaborado con Philip Kotler desde 1998, coescribiendo una notable colección de 12 libros. Fue nombrado uno de los 50 Gurús que han Moldeado el Futuro del marketing por el Chartered Institute of marketing del Reino Unido. Hermawan también recibió el Premio de Liderazgo Global Distinguido de la Pan-Pacific Business Association en la Universidad de Nebraska–Lincoln. También es el fundador de la Asia marketing Federation, el Asia Committee for Small Business y el World marketing Forum.

Iwan Setiawan es el director ejecutivo de *Marketeers*, el principal medio de marketing de Indonesia. También es consultor de marketing con 20 años de experiencia, y ha ayudado a más de 100 clientes en diferentes industrias. Enseña marketing en el programa Executive MBA en la School of Business and Management del Instituto de Tecnología de Bandung (Jakarta, Indonesia). Iwan tiene una MBA de la Kellogg School of Management de la Universidad Northwestern y una Licenciatura en Ingeniería de la Universidad de Indonesia.